はじめての
教育論文の
書き方

― 研究の着想から
　 論文発表まで ―

石井俊行 著

電気書院

まえがき

　子ども達がよくわかる授業を目指して，先生方は日々教育活動に取り組んでいます．実際に子ども達と向き合って授業を行っていると，専門書等には書かれていない，子ども達特有の考え方や理解の仕方があることに気づきます．

　しかし，それらに関する言及は，多くが教師の経験値によるもので，エビデンスに基づくものは少ないのが現状です．どのような教授方法をとることが子ども達の知識・技能，思考力・判断力・表現力を身につけさせるのに効果があるのか，さらなる授業実践や教育研究が必要です．

　理想の授業を求めて，個人あるいは学校単位で多くの貴重な授業実践や教育研究が行われていますが，その多くがその場限りで積み重ねにならない形で終わってしまうことが多いように思われます．

　それらの貴重な授業実践や教育研究を無駄にせず，積み重ねのある研究にしていくには，「論文」の形にして発表しておくことが必要かつ重要です．

　しかし，現場は日々の教育実践に加え，様々な業務で忙しく，「論文」など書く暇があったら目の前の子ども達のためになることを優先したいと考えます．加えて，教育実践は現場，理論は大学でと区分されている傾向が強く，現場の先生方が教育実践を「論文」という形にして発表することは，まだまだ少ない状況にあります．

　一方，学生の皆さんが学生のうちから，公に出せるような「論文」の書き方の技法を習得しておくことは，自身が「論文」を書くために役立つだけでなく，他者の「論文」を読む力を養うことにも通じます．読む力を身につけておくことで，最新の研究結果を早く知ることができ，自身の教育実践にもその知見を活かすことができるようになり，将来大きな武器となることでしょう．

　そこで，教育実践で見出した有効な指導方法や教具等を多くの先生方と共有したいと考えつつも，研究を前に進めていくことに煩わしさを感じて

いる先生方，卒業論文や修士論文等を書こうとしても，書き方がわからず悩まれている学生の皆さんのために，教育実践を「論文」の形にして発表する技法を伝えたいと考え，本書を執筆しました．

　私は以前公立中学校の教員をしていましたが，若い頃から自分の教育実践を主著者として「論文」の形にして発表し続けることで，博士（学校教育学）の学位を論文博士（大学院に籍を置かずに論文を大学に提出して審査を受けて博士の学位を取得する方法）で取得し，現在は大学教員として学生の指導を行っています．

　本書は，私が主著者で発表してきた理科教育の実践に関する「論文」を具体的な事例として挙げながら，大学の講義やゼミで説明してきた教育実践を「論文」にするための技法についてまとめたものです．

　たとえ読者の皆さんが理科を専門としていなくても，本書での事例を，他の単元や他教科に置き替えて読まれることで，共通した技法が身につけられます．また，研究内容をご自身の専門分野に置き替えて組立てれば，独創性のある「論文」が書けるように構成されています．

　本書が学部生，大学院生，教員の皆さんの一助になれば幸いです．

著者

目 次

第 1 章

「論文」に取り組む前に
(Before Embarking on Your Project)

1.1 「論文」の形に残しておくこと

　理想の授業を求めて，個人あるいは学校単位で多くの貴重な授業実践や教育研究が行われていますが，その多くがその場限りで積み重ねにならない形で終わってしまうことが多いように思われます．それらの貴重な授業実践や教育研究を無駄にせず，積み重ねのある研究にしていくためには，「論文」の形に残しておくことが必要かつ重要です（「まえがき」より）．

　多くの方々が，教育実践（調査）を「論文」の形にして発表し，共有し合うことで，子ども達への効果的な教育活動が全国で展開できるようになると私は信じています（石井ら，2016）．

1.2 本書で説明する「論文」の型

　研究には，大きく分けて「質的研究」と「量的研究」があります．

　「質的研究」は，研究者が直接聞き取りなどを行って文章や文字などのデータを集め，それらを分析して事象を解明していきます．外部の者が調査を学校に依頼する場合は，現場教員の立ち合いのもとで個々の子ども達との面接を実施する必要があるため，子ども達と現場教員の両者を束縛する時間がかなり長くなってしまいます．

　一方，「量的研究」では研究者が直接あるいは間接的にあらかじめ作成しておいた「調査用紙」や「意識調査」からデータを集め，それらを数値化し，統計学的検定を用いて事象を解明していきます．「量的研究」は現場教員が子ども達に向かって一斉に調査が実施できるため，通常の授業を行いながら実施することが可能です．このため私は現場教員の負担の少ない「量的研究」の立場をとっています．「質的研究」に興味がある方はその関連の本を購入してください．

　本書では「量的研究」を行うことを前提に，「問い」に対する答えである「研究仮説」が正しいか否かを，実験や調査のデータをもとに統計学的検定を用いて検証していく「実証的研究」の「論文」の書き方について詳しく説明していきます．

1.3　「論文」を書くための技法の習得の必要性

　テーマをもって「論文」を作成する技法は，大学の教養課程くらいまでのような，教師に言われた通りのことを行う学習法とは，根本的にやり方が違います．大学 2 年くらいまでに習得してきた語学をはじめとする知識・技能は，「論文」を作成する上で必須の能力なのですが，「論文」作成には特有の技法がありますので，それを身につけていく必要があります．

　公に出せるような「論文」の書き方を習得しておくことは，自身が「論文」を書くために役立つだけでなく，他者の「論文」を読む力を養うことにも通じます．読む力を身につけておくことで，最新の研究結果を早く知ることができ，自身の教育実践にもその知見を活かすことができるようになり，将来大きな武器となることでしょう（「まえがき」より）．

　そのためにも，本書を熟読して，その技法をぜひ身につけてください．

1.4　「論文」を執筆する順序

　ではこれから，「論文」を書くためにはどうすればよいのか説明をしていきます．「論文」は，「題目」，「アブストラクト（要約）」，「はじめに（序論）」「目的」，「方法」，「結果」，「考察」，「結論（おわりに）」，「注」，「文献」といった形式をとることが一般的です．その一般的な「論文」の構成を図に示すと，図 1-1 のようになります．

　本書では一般的な，この形式での「論文」を作成することを前提に「論文」の書き方について説明していきます．

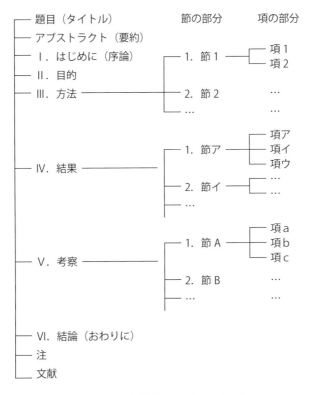

図 1-1　一般的な「論文」の構成

　初学者が「論文」を実際に書く際に必要なことを身につけていただくために，敢えて書く順序にこだわり，「方法」，「結果」，「考察」，「結論（おわりに）」，「はじめに（序論）」，「目的」，「題目」，「文献」，「注」，「アブストラクト（要約）」の順序で説明していきます．書く順序が「題目」，「アブストラクト（要約）」，「はじめに（序論）」，「目的」，「方法」，「結果」，「考察」，「結論（おわりに）」，「注」，「文献」，の順序ではないのかと驚かれた方もおられるかもしれません．しかし，私は実際に「論文」を書くときは，この順序で進めています．本書では，この順序に合わせ，それぞれの章の書き方について説明していきます．

　私は大学の理科教育講座で「理科教育学」について指導しています．このため，説明に用いた事例が，すべて私が主著者で発表してきた理科教育に関わる「論文」になっています．しかし，あなたが理科とは関わりのない教科だとしても，ご自身の教科に置き替えて本書を読んで考えていただくことで，「論文」を書く上で重要な核心の部分を，必ず習得していただけるものと考えます．

第 2 章 ▷▷ 「問い」と「方法」 (Research Questions and Method)

2.1 「方法」に書くこと

　「論文」を書こうと思ったら，まずは何の「問い（テーマ）」について書くのかを決め，読者が納得する，説得力のある研究計画（後に「研究デザイン」と呼びます）を立てます．

　そして，実践した研究内容をどのような段取りで進めたのかを，「方法」の章で読者にわかりやすく丁寧に説明していきます．

2.2 「問い」と生活科

　私が学生に「論文」の書き方を指導してきて思うことは，小学1，2年における「生活科」の教科こそが，「論文」作成における原点ではないかということです．

　それは，「生活科」の講義を学生に毎年行っていて感じるのですが，皆さんは「生活科」の授業で，既に「問い」の立て方を学習しています．

　小学1，2年の児童は，まだ学習の仕方がわかっていません．しかし，見る物すべてに対して，好奇心をもって触ったり眺めたりすることはできます．例えば，担任の先生が，「この植物の葉をよく見ると，手を広げたような形をしているね．他の植物の葉も，同じような形をしているのかな？」と児童に問いかけをしたとします．

　すると，児童は，「この植物は，同じ形をしているよ．」，「いや，違う形もあるよ．」と言いながら，躍起になって他の植物の葉を調べ回ります．このようにして，担任の先生は「生活科」ではどのようなことに気づけると，皆の前でわかったことを発表できるのか（題材となりうるのか）を意図的に児童にわからせながら，興味を持ちそうな題材を見つけさせていきます．

　もう 1 つ，「生活科」の講義を行っていて思うのですが，「生活科」を児童に学習させる際の教師側のキーワードである「気付き」と「関連付け」が，「論文」作成におけるキーワードと一致するということです．

　例えば A と B は，見た目は全く似ていないのですが，共通な特性 α をもち合わせていることに偶然気付けたとします．A と B にさらなるアプローチを仕掛けて調べていくことで，それに関する「論文 I」を完成させることができます．

　また，全く見た目は似ていない C があったとします．A と B での共通な特性 α について，C についても関連付けて調べてみたところ，同様の特性 α をもち合わせていることが判明したら，さらに別の「論文 II」を完成させることができます．

　したがって，ある事実に気付けるか否かで，また，それらを関連付けられるか否かで，「問い」を見出す能力，すなわち，「論文」の完成の可否までもが決定してしまうことになります．

　「問い」を見出す際のキーワードが「気付き」と「関連付け」であることをぜひ覚えておいてください．

2.3　自分に相応しい「問い」を見出すには

　あなたは何か疑問に思ったことがあったら，すぐにインターネットで検索するのではないでしょうか．検索すれば，大概の疑問はすぐに解決できます．

　しかし，世の中には未だ解明されていないことも多く，世界中で日々研究が進められています．その未だ解明されていないことも，少しでも研究が進展すれば「論文」という形で報告されていきます．

　皆さんが「論文」を書くには，その未解明なことの中から自分の興味に合った「問い」を見出す必要があります．「論文」は，その「問い」に対して答えていくような形で構成されています．

　しかし，この「問い」を立てることが難しく，「卒業論文」や「修士論

文」における「問い」をどう立てていけばよいのかで，毎年多くの大学生が悩みます．

　私も大学院時代，この「問い」はもちろん，どのように研究を進めたらよいのかの「研究デザイン」が立てられず，本を読んで真似て研究を進めようとしても，なかなかうまくいきませんでした．

　やる気があっても，「問い」を立てることに慣れていない初学者にとって，この「問い」を立てることは，なかなか厳しいものがあります．

　前節 2.2 で，「問い」と「生活科」の関係について述べましたが，小学1，2年の「生活科」の学習後は，「総合的な学習の時間」が小学3年から高校3年まで教育課程に定められています．「総合的な学習の時間」では，「横断的・総合的な学習や探究的な学習を通して，自ら課題を見付け，自ら学び，自ら考え，主体的に判断し，よりよく問題を解決する資質や能力を育成するとともに，学び方やものの考え方を身に付け，問題の解決や探究活動に主体的，創造的，協同的に取り組む態度を育て，自己の生き方を考えることができるようにする」（文部科学省，2008a）と目標が掲げられています．したがって，皆さんは「総合的な学習の時間」で，自らいろいろな「問い」を見出してきたのではないでしょうか．

　この「総合的な学習の時間」における「研究テーマ」に関し，まだ「総合的な学習の時間」が全国で展開される前の，文部科学省指定研究校での公開授業後の全体会で，本授業に関する感想について問われた中学2年の女子が発した言葉を今でもよく覚えています．それは，「私が『総合的な学習の時間』で1番苦労したのは，中学2年として，簡単過ぎず，難し過ぎない『研究テーマ』を見つけることでした．」という感想でした．

　皆さんが「問い」を見出す際も，この中学生と同様，自分の興味に合った自分に相応しい「研究テーマ」を見出す必要があります．

　特に注意して欲しいのは，研究期間に見合った「問い」を見出さなければならないということです．「卒業論文」や「修士論文」は，提出期限が

決まっています．それを逆算すれば，どれだけの時間をその研究に当てられるかは自ずとわかります．そのことを見越して，自身に相応しい「問い」を見出していってください．

　また，教育の「論文」を書くのでしたら，それを実施していただく学校の許可も必要になります．年度が変われば人事異動もあります．必ず行っていただける保証などありません．人的・物的な環境が整っていなければ研究は頓挫します．

　世の中に実在する「論文」は，それらの人的・物的環境を整えたからこそ，データが得られ，「論文」として完成できたのです．

　最初の「論文」では，まずは身の丈にあった「問い（テーマ）」を見出し，「論文」を書くコツを身につけていきましょう．慣れてくればいろいろなタイプの「論文」に挑戦していけるようになります．

2.4　「問い」を見出して「研究仮説」を立てるには

　では，「問い」をどのように見出していけばよいのでしょうか．

　実は，あなたが普段，日常生活を送る上で看過していることの中に，多くの「問い」が眠っています．

　「論文」の「問い（テーマ）」を見出す方法の 1 つに，あなたの専門分野にあまりこだわらず，ちょっと隣の専門分野とコラボさせるという方法が挙げられます．この方法は発想の全く違う「問い」が生まれる可能性が高く，面白い「論文」が完成できます．私もこの方法で「問い」を見出し，主著者として「論文」を発表してきたものがあります（例えば，石井・橋本，2013；石井・箕輪・橋本，1996）．

　理科教育と各教科とのコラボの例を挙げるならば，「理科の記述式の問題の正答率」と「国語の読解力」とのコラボ，「理科の地殻変動による地形の成り立ち」と「社会科の地理の地形」とのコラボ，「理科の凸レンズにおける物体の大きさと像の大きさの関係」と「数学の三角形の相似」と

のコラボ,「理科の音の周波数」と「音楽の器楽の音色」とのコラボ,「理科の光の波長」と「美術の色彩」とのコラボ,「理科のてこのはたらき」と「保健体育のヒトの骨格のつくり」とのコラボ,「理科の pH」と「技術・家庭科の調理における食材の色の変化」とのコラボなど,いろいろなコラボが考えられます.

このようにあるジャンル(自教科)の「論文」と他のジャンル(他教科)の「論文」とを融合させることで,新たな「問い」を見出すことができます.

大学のゼミでも,卒業研究に向けての「問い」が毎年立てられます.

私は,まずゼミ生にどの分野(単元)に興味があるのかを尋ねます.次に,「どのような手法をとると,まだ解明されていないことが明らかにできるのか」を学生に知らせるために,必要となる「論文」を意図的に読ませます.さらに,「その単元の急所(重要な箇所)は何なのか」,「それを理解させるにはどのような授業が必要なのか」,「何が明らかで何が未解決なのか」,「君ならどのような手法をとるのか」といったことを投げかけていきます.

学生は「論文」を読むことで,次第にその分野に関する知識量が増えていき,自身の研究の「問い」を明確にできるようになっていきます.そして,それに対する「答え(原因・要因など)」もおぼろげながらも予想できるようになります.ついには両者を合体させた「研究仮説」ができ上がります.

この「研究仮説」について,具体的な理科の例で説明すると,「なぜ中学生は月の満ち欠けを理解しにくいのか?」を「問い」とするならば,その答えをあなたが「空間認識能力が身についていないから」と推察したとします.この場合の「研究仮説」は,両者を合体させた,「中学生が月の満ち欠けを理解しにくいのは,空間認識能力が身についていないからである.」になります.

　一方，研究の中には，「調査問題」や「意識調査」の中に想定される「答え」を多く作成し，「結果」から真の「答え」を導き出していく手法の研究もあります．この場合は，「問い」は立てられても，「研究仮説」は完全な形では立てられません．

　つまり，「論文」を書くには，「研究仮説」を立てることはもちろん重要なのですが，「結果」から「答え」を導き出していく手法もあるということです．極論を言えば，「問い」を見出し，それを解明させるための「研究デザイン」がしっかりと立てられてさえいれば，研究を進められ，「論文」を完成させることができるということです．

　他方で，あなたがある分野に対しての核心を突いた「問い」を立て，それを解明した事実を「論文」として発表すれば，社会は進展していきます．
　この核心を突いた「問い」を立てられる（発見できる）能力は，研究者にとって不可欠な能力であり，この能力さえあれば，新しい研究に挑んでいけます．核心を突いた「問い」を解決するために，あなたのアイデアをうまく組み込み，研究を進展させていきましょう．
　このため私は，以下の言葉を常々学生に言っています．

　「問い」の質の高さこそが，その「論文」の価値を決定づける．

　最初の「論文」は，まずは自分の強みを活かし，身の丈にあった，質の高い「問い」を見出して研究を進めていくとよいでしょう．

2.5　「調査問題」と「意識調査」の重要性

　前項で，「調査問題」や「意識調査」について触れましたが，教育における「実証的論文」をうまく完成させるには，「授業内容」，「評価問題」，及び「意識調査」の３つが肝です．
　「授業内容」は，「これが急所（重要）なのだ」と自分が考える指導がで

きるように，授業を周到に準備すればよいのですが，それを評価する「調査問題」と「意識調査」には細心の注意が必要です．その理由は以下の3点です．

① 問い方の違いで，児童・生徒の解答（回答）が変わってしまう．
② 核心をつく問い方にしておくと，そのような結果になった理由について明確に推察することができる．
③ あなたのアイデアを組み込むことで，そのことがその研究での「ウリ」になる確率が高くなる．

　以上の理由から，全神経を集中させて，「調査問題」と「意識調査」を考え抜いて作成してください．

　一方で，「実証的研究」では，「調査問題」と「意識調査」のデータをもとに分析しますので，一発勝負であることを忘れないでください．失敗すると，同一の被験者に再度調査を実施することはできませんので，来年度に違う被験者を対象に実施するしかありません．

　したがって，この「調査問題」と「意識調査」を作成した後も，これで良かったのかどうかと最後の最後まで迷うことがあります．私は過去に調査校に「調査問題」と「意識調査」をお送りした後に，悩んだ末に作成し直して差し替えていただいたことがありました．それだけ「実証的論文」の鍵は「調査問題」と「意識調査」にかかっているといっても過言ではないのです．

2.6 「研究仮説」に関わる先行研究の洗い出し

　「研究仮説」もでき，どのような「調査問題」や「意識調査」を行うのかの見通しが立ってきたら，自身の研究に関わる「論文」の有無を，「CiNii Articles」，「Google Scholar」，及び「J-STAGE」などの検索サイトでキーワードを入れて検索してみましょう．ヒットしたら（引っ掛かっ

たら），その「論文」を読んでみましょう．読んでみて似た研究がないとしたら，「論文」として発表できるチャンスが大いにあります．

　仮に，あなたの行いたい研究と似た研究が行われていたとします．あなたが明らかにしたいことが，「先行研究」では途中までしか解明されていなかったとしたら，解明することが難しい何らかの障害があったのかもしれません．あるいは，アイデアがあなたとは違い，それ以上の追究ができなかったのかもしれません．

　いずれにしても，あなたのアイデアをうまく組み込んで，独創的な「論文」に仕上げていきましょう．そして，読者があなたの「論文」を読んで，「面白い！」「実践してみたい！」と思わせることができたら，すばらしい「論文」だと思います．「研究仮説」の立て方のヒントについては，第 12 章の「『研究仮説』の見出し方」でさらに詳しく述べたいと思います．

2.7　「研究デザイン」の立て方

　次に，あなたが見出した「研究仮説」を「論文」で実証していくには，それらの研究の計画とも言える，「研究デザイン」をうまく立てる必要があります．

　しかし，この「研究デザイン」を立てることは，慣れないうちは非常に難しいと感じられることでしょう．なぜなら，せっかく「研究デザイン」を立てても，間違って研究を進めてしまうと，取り返しがつかない状況になりかねないことがあるからです．

　この能力を高めてもらおうと，「論文」を発表したいと思っている若手に対して，毎年研修会を開いている学会もあるほどです．独りよがりにならないよう，できれば第三者にチェックをしてもらうとよいと思います．

　私が行っている「実証的研究」は，①統制群と実験群の２つの群をつくって，２つの群の比較で「研究仮説」を実証する方法，②被験者に「調査

問題」を解かせて「研究仮説」を実証する方法の 2 つに大きく分かれます.

どちらの「実証的研究」にしろ,実証したいことの証拠が揃えられるように,「指導内容」,「調査問題」,及び「意識調査」をうまく配置し,それにふさわしい「研究デザイン」をつくらなければなりません.この「研究デザイン」をつくることに多くの神経を注ぎます.

では,それぞれの「研究デザイン」について説明していきます.

2.7.1　2 つの群の比較で「研究仮説」を実証する方法

教育界には「教育の機会均等」という言葉があり,統制群と実験群のような 2 つの群をつくることがはばかれる傾向にあるのも事実です.しかし,両者を比較することで,その指導が有効なのかどうかが明確になります.

「指導の時間を長く取れば,効果が上がるのは当たり前ではないですか?」といったご指摘や「比較している両群は等質であったのですか?」とご指摘される方もおられます.そのようなご指摘を真摯に受け止め,なるべくそれらの影響が少なくなるような,「研究デザイン」を立てる必要があります.

私はこれらの指摘に対処するため,以下のような方法をとっています.

最初の「指導の時間を長く取れば,効果が上がるのは当たり前ではないですか?」といったご指摘に対する対処法としては,実験群の児童・生徒には少し足早な指導になってしまうのですが,両群の時間を統一しています.

仮に「指導 A（10 分間）」が急所の指導の部分で,従来までの指導にない部分だとしましょう.時間を統一するための策として,統制群には従来の指導を行い（50 分間）,実験群には従来の指導を足早に 40 分間で済ませ,それに「指導 A（10 分間）」を加えた合計 50 分間の同一時間内に指導を終わらせるという「研究デザイン」です.

　調査終了後には，教育の機会均等を考慮して，統制群にも実験群と同様の「指導 A（10 分間）」を行います．

　また，「比較している両群は等質であったのですか？」というご指摘に対する対処法として，自作したプレテスト（本テストの前に行うテスト）の結果や学校等で行われている中間・期末テスト等のテスト結果をもとに，その等質性について t 検定（第 3 章で詳しく述べます）で調べます．有意な差がないことが判明されれば「両群は等質であるとみなせる．」と「論文」に記します．

　比較研究では，スタートの時点で両群が等質であることが前提になります．両群が等質であるとみなせなければ，その研究は頓挫し誰からもその結果は受け入れられなくなります．この点を最初に確かめておくことは，極めて重要です．両者の結果を比較して，「指導 A（10 分間）」の指導の有効性が統計学的検定で確認できたら，ぜひそのことをまとめて広く普及させるために，「論文」を完成させてください．

2.7.2　調査問題を解かせて「研究仮説」を実証する方法

　この方法は，前項のように統制群と実験群をつくらず，「調査問題」，「意識調査」を被験者全員に実施し，それを回収して分析することで，「研究仮説」を実証していきます．

　ここでは，全員を同じ時間内に取り組ませる必要があります．「調査問題」による順序が調査結果に関係しないように，例えば数学テストと理科テストの実施では，教科での実施順序の効果を相殺するために，「数学テスト → 理科テスト」と「理科テスト → 数学テスト」のクラスをそれぞれつくって調査を実施します．

　また，調査問題に段階を設けてつまずきの場所を特定したい場合には，易しい問題から解かせるのではなく，難しい問題から解かせることです．

　教育界には，易しい問題から着実に進め，最終目標まで到達させていくといった「スモールステップ」学習という指導法があります．

　しかし，調査の「目的」はつまずきの箇所を特定することにありますので，これとは逆の，難しい問題から先に解かせ，徐々にヒントを与えて問題を解決させやすくします．前に行ったテストが後続のテストのヒントにならないよう，テストはその都度回収します．この方法をとることで，どこにつまずきがあるのかを特定することができます（例えば，石井・寺窪，2018）．

　一方で，直前のテストによる解答の影響がほとんどないと判断できる場合には，学習していく順番でテスト問題を解かせていき，その都度テストを回収していきます．その際には，あらかじめ解答の選択肢を作成しておき，そこから解答を選択していくといった，マーク方式を採用していくとよいでしょう．マーク方式は，自分の想定するつまずきの要因等を確実にあぶり出すことができます（例えば，石井・橋本，1995）．

　どのようなことを明らかにしたいのかで，「研究デザイン」は微妙に変わります．これらのことを参考に，読者に納得されるような「研究デザイン」を，その都度慎重に作成していってください．

2.8　「問い」と「研究デザイン」の立て方の例

　以下に，私が主著者の「論文」を事例に，どのようにして「問い」と「研究デザイン」を立ててきたのかについて述べていきます．

2.8.1　2つの群の比較で「研究仮説」を実証する事例

　「石井俊行・岡本智子・柿沼宏充（2020）：小学4年『ものの温度と体積』に粒子モデルを導入することの効果〜電子レンジで粒の動きと温度の関係に着目させて〜，科学教育研究，日本科学教育学会，44(33)，168-179.」を引用し，以下に説明します．

【研究仮説】

　小学 4 年「ものの温度と体積」の単元では,「空気」,「水」,及び「金属」が熱膨張で体積が大きくなることを児童は実験事実から知ったとしても,粒は熱運動していることを学習しなければ「物の温度が上昇すると,なぜ体積が大きくなるのか」という理由を説明することはできません.

　そこで,現在多くの家庭に普及している電子レンジの調理器具に着目しました.発泡スチロール球の粒の動きが激しくなると体積が大きくなることを実際に見せ,それをアニメーションで「発泡スチロール球による指導」と電子レンジの器具の原理を知らせ,電子レンジでの水の温めの実演とそれのアニメーションを使った説明をする「電子レンジによる指導」を行うことで,「粒の動きが激しくなること」,「温度が高くなること」,及び「体積が大きくなること」の関係性が理解でき,「物の温度が上昇すると,体積が大きくなるのはなぜなのか」を粒の熱運動で捉えさせられるのではないかと考えました.これを明らかにすることが「目的」です.「研究仮説」としては,「『発泡スチロール球による指導』と『電子レンジによる指導』の 2 つを導入する実験群の児童は,従来の指導をする統制群に比べ,物の温度が上昇すると,体積が大きくなる理由が熱運動で捉えることができる」になります.このことを読者にきっちりと伝えるために図 2-1 を作成して加えました(石井・岡本・柿沼,2020).

【研究デザイン】

　まず統制群と実験群を作成し,今回は,統制群を 1 クラス,実験群を 2 クラス用意しましたが,最低でも統制群 1 クラス,実験群 1 クラスが用意できれば調査は行えます.

　両群での理科テストにおける平均値に差がないことを t 検定(第 3 章で詳しく説明します)で証明し,「両群は等質とみなせる.」ことを述べます.

　統制群には従来の内容の授業(45 分間)をします.実験群には統制群

と同じ内容を足早に行い，「水」についての「発泡スチロール球による指導」と「電子レンジによる指導」を合わせて45分間で済ませます．「空気」，「金属」でも，統制群には従来の内容の授業を行い（45分間），実験群には統制群と同じ授業内容に加え，アニメーションを用いた粒子概念の熱運動についての説明も行い，45分間で指導を済ませます．「水」，「空気」，及び「金属」それぞれにおいて温度が上昇することを，児童は粒子概念の熱運動で捉えることが可能であるのかどうかを見取るために，「総まとめテスト」を両群に実施します．統制群に比べ実験群が有意に正答することが統計学的検定で認められれば，その指導法は有効であることが実証できます（石井・岡本・柿沼，2020）．

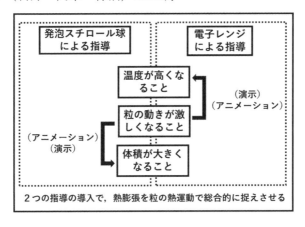

<出典> 石井俊行・岡本智子・柿沼宏充（2020）：小学4年「ものの温度と体積」に粒子モデルを導入することの効果〜電子レンジで粒の動きと温度の関係に着目させて〜，科学教育研究，日本科学教育学会，44(33)，168-179，図1より引用

図2-1　熱膨張を粒の熱運動で捉えさせるためのプロセス

【得られた知見】

「通常の授業を受けた児童（統制群）は，『水』『空気』『金属』の学習を終えても誤概念から脱却できず，依然として誤概念をもち続けたままであった．一方，『発泡スチロール球による指導』と『電子レンジによる指

導』を導入した実験群の児童は，『水』の実験後には 8 割以上が『水』の熱膨張を粒の熱運動で捉えることができた．また，この捉え方は次時の『空気』『金属』の予想の段階でも転移し，実験後やテストでも 8 割以上の児童が『空気』『金属』の熱膨張を粒の熱運動で捉え，テストにおける『水』『空気』『金属』の問②のすべてで有意な差があることが認められた」（石井・岡本・柿沼，2020）．

2.8.2　調査問題を解かせて「研究仮説」を実証する事例

　「石井俊行・橋本美彦（1995）：化学反応式を書く能力向上に関する研究〜化学反応式の完成を阻害する要因の究明〜，日本理科教育学会研究紀要，36(1)，7-16.」を引用し，以下に説明します．

【問い】

　中学 2 年で化学反応式を学習しますが，学習初期の頃は，特に化学反応式を完成させることができる中学生は少ないものです．どこに原因があって正確に完成させることができないのでしょうか．これを明らかにすることが「目的」です．「問い」は，「中学生にとって化学反応式を完成させることはなぜ難しいのか」になります（石井・橋本，1995）．

　ここでは，調査結果からつまずきの要因を特定していくため，「問い」とその答えとを合体させた「研究仮説」とするのではなく，「問い」のままにしています．

【研究デザイン】

　化学反応式を正確に完成させるためには，まず，初めに，物質を化学式で表すことができなくてはなりません．しかし，その前に，物質をモデル図で表すことが必要だと考えられます．それは，水素原子 2 個が結びつくことで水素分子となりますが，それを理解するには，H 原子が 2 個

結びついて H_2 となることを理解していなければなりません．したがって，物質のモデル図と物質の化学式の両方をテストしなくてはならないことがわかります．また，その原子の種類と数を式の左右で等しくするために，モデル図を使った化学反応式を正確に完成させていくことも必要なことがわかります．この過程を通して，ついには化学式に係数も書き加えた化学反応式が完成できていくようにも思われます．このように化学反応式を完成させるには，多くのステップが必要で，それぞれのテストを作成してその能力を見取らなければならないことがわかります．また，化学式などを書かせるテストは，H^2 と書いて誤答する生徒もいますので，それをつまずきの要因と処理してしまうと，他のつまずきの要因が隠れてしまう可能性があります．そこで，今回は H^2 のような間違いがあることは認めつつ，より根本となるつまずきについて解明するために，「物質を化学式で表すテスト」，「物質をモデル図で表すテスト」，「化学反応式を化学式で完成させるテスト」，及び「化学反応式をモデル図で完成させるテスト」をそれぞれマーク形式で作成し，生徒にマークさせることで何が要因でつまずくのかを個人ごとに分析していく「研究デザイン」（石井・橋本，1995）としました．

マーク方式で調査問題を作成することは大変ですが，その後の処理が楽な上，他の要因が出ることを極力避けるためにも，よい方法だと思います．これにより，何の要因で正確に化学反応式を完成することができないのかを特定することができると考えました．

【得られた知見】

「本研究によって，生徒が化学反応式を正しく完成させるためには，その基礎として物質を化学式で表す能力の習得が不可欠であることがわかった．また，物質をモデル図で表す能力の習得は，物質を構成する分子内の原子の結合をイメージさせるために大変重要であることがわかった．［中略］また，個人追跡の結果，物質を化学式やモデル図で表す能力がありな

がら，化学反応式を化学式やモデル図を使って表せない生徒が多いことがわかった．それは化学反応に関与する物質の分子内の結合が切れて新たな結合ができたことを表す際に，原子の数や係数を合わせようとして化学式やモデル図を物質として存在しえないものにつくり変えてしまうためである」（石井・橋本，1995）．

2.9　「方法」の事例1

「2.8.1　2つの群の比較で『研究仮説』を実証する事例」でも取り上げました「石井俊行・岡本智子・柿沼宏充（2020）：小学4年『ものの温度と体積』に粒子モデルを導入することの効果〜電子レンジで粒の動きと温度の関係に着目させて〜，科学教育研究，日本科学教育学会，44(33)，168-179.」の「論文」の「方法」の部分を抜粋し，以下に「方法」の書き方について説明します．

Ⅲ．方法
1．調査対象と調査時期
　　公立小学校第4学年の3学級（101人）を統制群に1クラス33人，実験群に2クラス68人を当てたが，［中略］すべての調査を行うことができた児童は，統制群31人，実験群57人となった．調査は，2019年10月下旬から11月中旬に行った．（☞調査対象と調査時期について説明している）
2．授業内容
　　両群において，「水」「空気」「金属」の順[1]に8時間の授業時間を使って行った．なお，どのような内容の学習を実施したのかを表1に示す．［後略］
(a)　水の場合
　㋐　発泡スチロール球による指導
　　　水を入れたビーカーを下から温めると体積が増えるのは，水の温度が高くなると水の粒の運動が激しく動くことで起こる現象であり，水の温度が高いことと水の粒の動きが激しいこととは等価であることを言葉で説明し，そのイメージを持たせるために，パワーポイントによるアニメーションを視聴させた．［中略］「発泡スチロール球による指導」では，図1に示すように，「粒の動きが激しくなること」と「体積が大きくなること」の

関係性が特に理解できるように工夫した.（☞水での発泡スチロール球による指導について説明している）

(イ) 電子レンジによる指導

「電子レンジによる指導」では,「電子レンジでビーカーに入った水を温めるとどうなるか」と尋ね,「温かくなる」という返答をもとに,電子レンジで常温であった水がお湯になることを演示した.［中略］電子レンジによる水の温めの演示とアニメーションの視聴とをセットにした「電子レンジによる指導」では,図1に示すように,「粒の動きが激しくなること」と「温度が高くなること」の関係性が特に理解できるようにした.（☞水での電子レンジによる指導について説明している）

(ウ) 発泡スチロール球による指導と電子レンジによる指導の導入で期待する効果

「発泡スチロール球による指導」と「電子レンジによる指導」の導入で,図1に示すように,「温度が高くなること」,「粒の動きが激しくなること」,及び「体積が大きくなること」の三つの関係性が理解でき,物の温度が上昇すると中の粒の熱運動が激しくなり,結果的に体積が大きくなることが理解できるようになるのではないかと考えた.（☞両指導によって期待される効果について説明している）

(b) 空気の場合

「空気」でも,温度を高くすると体積が大きくなるのは,中の空気の粒が激しく動くためであることを説明するとともに,そのイメージを持たせるために,「空気」に特化したパワーポイントによるアニメーションを視聴させた.［後略］（☞空気での指導について説明している）

(c) 金属の場合

「金属」でも,［中略］その動きによって膨張する様子のイメージを持たせるために,「金属」に特化したパワーポイントによるアニメーションを視聴させた.［後略］（☞金属での指導について説明している）

3. 調査項目

(a) 「水」「空気」「金属」での実験前の粒の捉え方

「水」「空気」「金属」の物質が粒からできていることを前提に,「水」「空気」「金属」のそれぞれの実験前に,温めると中の粒の様子はどのようになるのかを文章と図に描かせて用紙を回収した.それらの用紙を資料1,資料2,資料3に示す.［後略］（☞実験前の調査について説明している）

(b) 「水」「空気」「金属」の実験後での粒の捉え方

「水」「空気」「金属」の物質が粒からできていることを前提に,「水」「空

気」「金属」のそれぞれの実験後（熱膨張の事実を知った後）に，中の粒の様子について文章と図に描かせて用紙を回収した．それらの用紙は資料1，資料2，資料3と同じものを使用した．［後略］（☞それぞれの実験後の粒の捉え方の調査について説明している）

(c) 「水」「空気」「金属」のテストでの粒の捉え方

「水」「空気」「金属」の実験後，次時にテストを実施した．内容は温めたときの体積変化と中の粒の様子について尋ねた．それを資料4に示す．（☞すべての実験後のテストについて説明している）

2.10 「方法」の事例2

「2.8.2 調査問題を解かせて『研究仮説』を実証する事例」で取り上げました「石井俊行・橋本美彦（1995）：化学反応式を書く能力向上に関する研究〜化学反応式の完成を阻害する要因の究明〜，日本理科教育学会研究紀要，36(1)，7-16.」の「論文」の「方法」を抜粋して以下に「方法」の書き方について説明します．

2. 方法
2.1 調査方法
本研究では，比較的短時間で多数の対象者から多くの事項について調査ができ，それらの結果を数量化しやすいという理由から質問紙法を用いた．（☞質問紙法を用いる理由を説明している）
2.2 調査対象
被験者は，栃木県宇都宮市立S中学校3年生の4クラス129名である．（☞調査対象について説明している）
2.3 調査時期
1993年7月中旬から下旬にかけて，授業時間50分間を使って以下に示す問題 [1]〜[4] の調査を実施した．[1]〜[4] の内容は，第2学年の7月〜9月にすべて履修済みであり，今回のテストは事後テストである．なお，生徒にはこの調査を実施することを事前に伝えていない．（☞調査時期や調査時間などについて説明している）

2.4 調査問題

第1分野の"原子と分子"の単元で，以下に述べる調査問題を作成した．

2.4.1 「物質を化学式で表す」(問1)

物質を化学式で表すことができるかどうかを調べる問題である．水素，酸素，二酸化炭素，酸化マグネシウム，酸化銅，硫化鉄，水の7種類の物質の化学式を選択肢から選ばせた．［中略］その問題の一例を資料1に示す．(☜問1の問題について説明している)

2.4.2 「物質をモデル図で表す」(問2)

物質の化学式及び構造式を正しく理解しているか否かを調べるために，物質を示すモデル図を選ばせる問題である．［中略］その一例を資料2に示す．(☜問2の問題について説明している)

2.4.3 「化学式によって化学反応を表す」(問3)

中学校の理科における代表的な8つの化学変化：(A)マグネシウムの酸化，(B)炭素の酸化，(C)水の合成，(D)鉄と硫黄との化合，(E)銅の酸化，(F)酸化銅の炭素による還元，(G)酸化銅の水素による還元，(H)水の分解について，係数と化学式を選択肢から選ばせて，化学式を使った化学反応式を答えさせた．その一例を資料3に示す．問3の化学式の選択肢は，問1のものと全く同じで，係数の選択肢は別に設けて答えさせた．(☜問3の問題について説明している)

2.4.4 「モデル図を使って化学反応を表す」(問4)

2.4.3で示した「化学式によって化学反応を表す」問い（問3）の(A)〜(H)に対応させて作成した「モデル図によって化学反応を表す」問い（問4）では，各物質のモデル図を選択肢から選ばせ，モデル図を使った化学反応式を答えさせた．この選択肢のモデル図は問2のモデル図の他に異なった個数のモデルを並べたものや，誤答として原子がすべて結合しているものも用意した．その一例を資料4に示す．(☜問4の問題について説明している)

第3章 「結果」（Results）

3.1 「結果」に書くこと

　「結果」の章では，ただやみくもに明らかになった事実を羅列して，報告すればよいというものではありません．

　「結果」は，次章の「考察」につながる重要な箇所です．「考察」の部分では，データをもとに議論を重ね，「結論」につなげていきます．

　したがって，「結果」の章では，「考察」の議論で必要となる根拠資料（図や表，統計学的検定結果も含め）を提示し，それに関して述べていくことになります．「結論」を何にするかで提示するデータも違ってきますので，それに合わせて図や表を作成していきましょう．

　また，次章の第4章「考察」で詳しく述べますが，「論文」は「ストーリー（読者に「論文」の内容を理解してもらうための流れ）」を重視します．すなわち，どのデータに着目して図や表等を作成し，それらをどのような順序で読者に提示して説明していくのかが重要になります．

　加えて，「結果」の章では，節や項に「小見出し」をそれぞれ付けます．読者は，この「小見出し」を見ることで，何について言及された節や項であるかがすぐに理解できます．加除訂正で節や項の増減があれば，それに合わせて「小見出し」の数も変わってきます．

3.2　統計学的検定結果から主張を補強する

　データを検定することにより，その「結果」が偶然に起こったことではないことを証明してくれます．統計学的検定については，詳しくは，「吉田寿夫（1998）：本当にわかりやすいすごく大切なことが書いてあるごく初歩の統計の本，北大路書房」を参照されることをお薦めします．私自身，この本で多くのことを学ばせていただきました．

　「論文」では，統計学的検定における 5 ％ 水準を 1 つの目安に，「研究仮説」に有意な差があると認められるか否かで，議論していくことになります．以下にその方法について述べていきます．

　まず，「研究仮説」とは逆の仮説である「帰無仮説」を立てます．ここでの「帰無仮説」は，あなたが主張したいと考えている“「研究仮説」は正しくない”ということになります．この「帰無仮説」が間違っていることを証明できれば，“「研究仮説」は正しい”ということになります．

　得られた検定値（p 値；「帰無仮説」が起こる確率）が 0.05 未満ならば，“95 ％ 以上の確率で「研究仮説」は正しい”と主張でき，「検定の結果，5 ％ 水準で有意な差が認められた．」と記すことになります．

　逆に，得られた検定値（p 値）が 0.05 より大きければ，“「研究仮説」は正しい”と主張できず，「検定の結果，5 ％ 水準で有意な差が認められなかった．」と記すことになります．

　また，このことは“not significant”であることから，一般に記号では，“n.s.”が用いられます．

3.3　Excel での「データシート」の作成

　検定する前に，Microsoft 社の Excel を用いて「データシート」を作成します．これを作成するには，シートの横列に，「調査問題」(1)〜(3)を [A](1)〜[A](3) としたり，「意識調査」の項目(1)〜(5)を [B](1)〜[B](5) としたりして項目を入力します．

　シートの縦列に 1 組の出席番号 1〜40 番の児童の入力のために，101〜140 の番号を入力します．次に，2 組の出席番号 1〜40 番の児童の入力するために，続けて 201〜240 の番号を入力します．これで入力するための「データシート」が完成できました．

　この「データシート」には，数値（カタカナならばそれを数字に変換し

たもの）や語句を入力していきます．

　仮に 101 の児童が「調査問題」(1)が正答，(2)が正答，(3)が誤答でしたら，正答は「1」，誤答は「0」と入力しますので，[A](1)に「1」，[A](2)に「1」，[A](3)に「0」と入力します．

　また，「考え方」を問うテスト [B](1)〜[B](4)で，例えば選択肢がア〜クの 8 種類だとし，仮に 101 の児童が [B](1)で「ア」，[B](2)で「イ」，[B](3)で「オ」，[B](4)で「カ」を選択していたら，カタカナを数字に変換した数値を入力していきますので，「ア」は「1」，「イ」は「2」，「オ」は「5」，「カ」は [6] になり，[B](1)に「1」，[B](2)に「2」，[B](3)に「5」，[B](4)に「6」と番号を入力していきます．

　さらに，「意識」を問う [C](1)〜[C](3)で，例えば選択肢がア〜クの 8 種類だとし，仮に 101 の児童が [C](1)で「エ」，[C](2)で「カ」，[C](3)で「キ」，を選択していたら，カタカナを数字に変換した数値を入力していきますので，「エ」は「4」，「カ」は [6]，「キ」は「7」になりますので，[C](1)に「4」，[C](2)に「6」，[C](3)に「7」と番号を入力していきます．

　「データシート」に 101 の生徒のデータを入力した状態を図 3-1 に示します．

　最後の行の部分に Excel の「COUNTIF 関数」を用いて，各正答者や各選択者が何人であるのかが算出されるようにしておきます．また，各選択者の人数から正答率やその項目の選択者の占有率（%）も算出されるようにしておきます．

　なお，自由記述形式の「意識調査」では，その考え方等をそのままセルに入力することになります．しかし，ある程度の類型に分けることができるのでしたら，あらかじめその類型に番号を当てはめ，その番号をセルに入力していくとその後の処理が簡単になることでしょう．ただし，その類型の番号が何を意味しているかがすぐにわかるように，Excel の「データシート」の上部などに記し，実験ノートにも記しておくとよいでしょう．

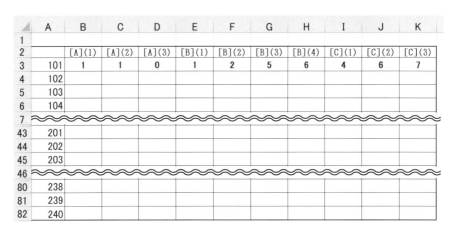

図 3-1 Excel に 101 の生徒のデータを入力した状態のデータシート

3.4 Excel での *t* 検定

　上記の「データシート」を用いて Microsoft 社の Excel で検定する方法について，以下に説明します．

　まず，初めてパソコンで検定を行うときには，「データ分析」のコマンドが画面に出ていませんので，以下の操作が必要になります．

　「ファイル」→「オプション」→「アドイン」→「設定」→「分析ツール」にチェックを入れて「OK」をクリックすれば準備は完了です．

　「データ」→右上にある「データ分析」をクリックして，使用する検定を選択して検定を行っていきます．以下に，一般に多く用いられる *t* 検定について説明します．

　t 検定を学習するには，「近藤宏・渕上美喜・末吉正成・村田真樹（2007）：Excel でかんたん統計分析〜［分析ツール］を使いこなそう！〜，オーム社」が参考になりますので購入をお薦めします．

　以下にこの本を参考にその使い方を述べていきます．なお，詳細はそちらの本を購入して勉強をしてください．

では，事例をもとに説明していきます．

3.4.1　統制群と実験群の等質性を確認するための t 検定

統制群（従来の授業を行うクラス）と実験群（従来の授業を行い，さらに新たな授業や教材を付して授業を行うクラス）の両群間で，新たな授業や教材を実施する前の状態が，「学力に差がなく等質であるとみなせる」ことを述べるために，プレテスト（本調査の前に実施するテスト）や学校で実施されている中間・期末テストをもとに t 検定を行います．

中間・期末テストの結果では，理科全般的な内容に関するものなので，調査を実施する単元内容に関するものとは実際には異なります．「そのデータを用いて２つの群が等質とみなすのは強引ではないか」とご指摘される方もおられます．厳密に言えばその通りです．授業中に子ども達への調査を実施する都合上，これ以上負担をかけられません．また，単元が変わっても個々の子ども達の理科の中間・期末テストの結果は，一般にはそう変わるものではないので，教育学会等の「学術論文」では現在のところ，これで了承していただいています．

「石井俊行・八朝陸・伊東明彦（2016）：小学校理科に電圧概念を導入することの効果〜電気学習の新たな試み〜，科学教育研究，日本科学教育学会，40(2)，222-233.」を引用し，以下に説明します．

【課題】

統制群１クラス，実験群１クラスにおけるプレテストの結果から両群間の等質性について検定する．

調査では統制群に１クラス，実験群に１クラスを割り当てました．両群の等質性を調べるために，「回路の理解を評価する問題（８点満点）」の

「プレテスト」の結果をもとに，両群の平均値の差を t 検定で調べます．ここでは，ポストテスト（本テスト）と同じ問題の「プレテスト」（事前のテスト）の結果を用いて 2 つの群の等質性を確認しています．

Excel の「データシート」に，プレテストにおける両群の「回路の理解を評価する問題（8 点満点）」の得点を入力します．

次に t 検定を行う前に，統制群と実験群の分散に違いがあるかをみるための F 検定を行います．F 検定を行うためには，先ほどの「データ」→右上にある「データ分析」→「F 検定：2 標本を使った分散の検定」を選択します．

「変数 1 の入力範囲(1)」の「↑」をクリックし，数値の範囲をドラッグして「↓」をクリックします．同様に，「変数 2 の入力範囲(1)」の「↑」をクリックし，数値の範囲をドラッグして「↓」をクリックします．

α(A) に 5 ％水準の「0.05」を入力し，「出力先」のセルを選択し，「OK」をクリックすると結果が表示されます．

「$P(F \leq f)$ 片側」の値が 0.05 よりも大きければ両者の分散（標準偏差）が等しいとみなせ，t 検定での「等分散を仮定した 2 標本による検定」を選択します．逆に，「$P(F \leq f)$ 片側」の値が 0.05 よりも小さければ両者の分散（標準偏差）が等しいとみなせず，t 検定での「分散が等しくないと仮定した 2 標本による検定」を選択することになります．

表 3-1　プレテストにおける F 検定の結果

F- 検定：2 標本を使った分散の検定

	変数 1	変数 2
平均	4.2273	3.6364
分散	3.8983	2.6234
観測数	22	22
自由度	21	21
観測された分散比	1.486	
$P(F<=f)$ 片側	0.1857	
F 境界値　片側	2.0842	

表 3-2　プレテストにおける t 検定（5 ％水準）の結果

t- 検定：等分散を仮定した 2 標本による検定

	変数 1	変数 2
		5 ％ 水準
平均	4.2273	3.6364
分散	3.8983	2.6234
観測数	22	22
プールされた分散	3.2608	
仮説平均との差異	0	
自由度	42	
t	1.0853	
$P(T<=t)$ 片側	0.142	
t 境界値　片側	1.682	
$P(T<=t)$ 両側	0.284	
t 境界値　両側	2.0181	

　統制群 1 クラス，実験群 1 クラスにおけるプレテストの結果をもとに F 検定したところ，表 3-1 のような結果が表示されました．$P(F \leq f)$ 片側 = 0.1857 が 0.05 よりも大きいので，統制群と実験群の分散（標準偏差）は等しいとみなせる結果となりました．このため，「データ分析」→「t 検定：等分散を仮定した 2 標本による検定」を選択します．「変数 1 の入力範囲(1)」の「↑」をクリックし，数値の範囲をドラッグして「↓」をクリックします．同様に，「変数 2 の入力範囲(1)」の「↑」をクリックし，数値の範囲をドラッグして「↓」をクリックします．

　α（A）に 5 ％水準の「0.05」を入力し，「出力先」のセルを選択し，「OK」をクリックすると t 検定の結果が表 3-2 のように算出されました．t = 1.0853 が t 境界値 両側 = 2.0181 よりも小さいので帰無仮説は否定されず（有意な差があるとは認められず），両群は等質とみなすことができました．

　したがって，両群の等質性を調べるために，プレテストでの「回路の理解を評価する問題」の総合点の平均値の差を t 検定で調べた結果，両群に

は有意な差が認められなかった ($t = 1.0853$, $df = 42$, ns). このため,両群は,電圧の学習を行う以前は電気に関する学習到達度は同程度であると記せることになります (石井・八朝・伊東, 2016).

なお,t 値の表記の後の「$df = 42$」の「df : degrees of freedom」は「自由度」のことで,「42」という数値は,「自由度 $= (n_1 - 1) + (n_2 - 1)$」の式で求められますので,この場合,統制群 22 人,実験群 22 人であるため,両群の人数の和から 2 を引いた「42」という数値になっています.

3.4.2 統制群と実験群の比較で有効性を実証するための t 検定

新たな授業の有効性を実証するためには,統制群と実験群に同一のテストを実施し,その得点をもとに検定し,有意な差があればその新たな授業が有効であることが実証されます.

「石井俊行・八朝陸・伊東明彦 (2016):小学校理科に電圧概念を導入することの効果〜電気学習の新たな試み〜,科学教育研究,日本科学教育学会,40(2),222-233.」を引用し,以下に説明します.

被験者は小学 4 年の 6 月〜7 月に「電流のはたらき」の授業を正規に受けています.調査では,まず両群ともに小学 4 年の 2 月に再度「電流のはたらき」の復習を 25 分間かけて実施しました.次に実験群には,新たな授業(電圧概念を教える「電圧の特別授業」)を 20 分間行い,計 45 分間で終了しました.

一方,統制群にはせっかくの機会でしたので電流や電圧とは関係のない「磁石の授業」を続けて 20 分間行い,計 45 分間で終了しました.

「研究デザイン」は,「回路の理解を評価する問題(8 点満点)」のポストテスト(本調査のテスト;プレテストと同一の問題)の結果,1 か月後のフォローアップテスト(プレテストと同一の問題),3 か月後のフォローアップテスト(プレテストと同一の問題)を統制群と実験群とで比較することで,「電圧の特別授業(20 分間)」の指導は翌日でも,1 か月,

３か月後の長期にわたっても有効なのか否かを明らかにしようとするものです．ポストテストとは授業後にすぐに行うテストのことを言います．

　以下に，新たな授業（電圧概念を教える「電圧の特別授業」）が有効なのかをポストテストの結果から検証する事例を取り上げて説明します．

【課題】

　統制群と実験群における「回路の理解を評価する問題（8 点満点）」のポストテストの結果を比較することで，「電圧の特別授業（20 分間）」の指導は翌日でも有効か否かを明らかにする．

　Excel のデータシートにポストテストにおける両群の「回路の理解を評価する問題（8 点満点）」の得点を入力します．

　前項 3.4.1 で説明しましたように，まず F 検定を行います．統制群 1 クラス，実験群 1 クラスにおけるプレテストの結果をもとに F 検定したところ，表 3-3 のような結果が表示されました．$P(F \leq f)$ 片側 $= 0.0241$ が 0.05 よりも小さいので，統制群と実験群の分散（標準偏差）は等しくないという結果になりました．このため，「データ分析」→「t 検定：分散が等しくないと仮定した 2 標本による検定」を選択します．「変数 1 の入力範囲(1)」の「↑」をクリックし，数値の範囲をドラッグして「↓」をクリックします．

　同様に，「変数 2 の入力範囲(1)」の「↑」をクリックし，数値の範囲をドラッグして「↓」をクリックします．α(A)に 5 ％水準の「0.05」を入力し，「出力先」のセルを選択し，「OK」をクリックすると，表 3-4 のように算出され，$t = -3.688$ の絶対値が t 境界値（両側）$= 2.0281$ よりも大きいので帰無仮説が否定され，5 ％水準で両群は有意な差があることが認められました．

　さらに，α(A)に 5 ％水準の部分を 0.1 ％水準で検定してみるために，

「0.001」を入力し，「出力先」のセルを選択し，「OK」をクリックすると，表 3-5 のように算出され，$t = -3.688$ の絶対値が 0.1 % 水準での t 境界値（両側）= 3.5821 よりも大きいので，0.1 % 水準で有意な差があると言えることがわかりました.

「学術論文」では，5 % 水準を 1 つの目安として有意な差があるか否かを判断して論文を展開していきますが，さらに厳しい 1 % 水準，0.1 % 水準でも有意な差があることが認められたなら，そのことを記すこともできます.

表 3-3　ポストテストにおける F 検定の結果

F- 検定：2 標本を使った分散の検定

	変数 1	変数 2
平均	5.5	7.3182
分散	3.7857	1.5606
観測数	22	22
自由度	21	21
観測された分散比	2.4258	
$P(F<=f)$ 片側	0.0241	
F 境界値　片側	2.0842	

表 3-4　ポストテストにおける t 検定（5 % 水準）の結果

t- 検定：分散が等しくないと仮定した 2 標本による検定

	変数 1	変数 2
		5 % 水準
平均	5.5	7.3182
分散	3.7857	1.5606
観測数	22	22
仮説平均との差異	0	
自由度	36	
t	-3.688	
$P(T<=t)$ 片側	0.0004	
t 境界値　片側	1.6883	
$P(T<=t)$ 両側	0.0007	
t 境界値　両側	2.0281	

表 3-5　ポストテストにおける t 検定（0.1 % 水準）の結果

t- 検定：分散が等しくないと仮定した 2 標本による検定

	変数 1	変数 2
		0.1 % 水準
平均	5.5	7.3182
分散	3.7857	1.5606
観測数	22	22
仮説平均との差異	0	
自由度	36	
t	-3.688	
$P(T<=t)$ 片側	0.0004	
t 境界値　片側	3.3326	
$P(T<=t)$ 両側	0.0007	
t 境界値　両側	3.5821	

3.5　正誤者数の差を実証するフィッシャーの直接確率検定

　正誤者数等に差があるのかを検定するのには，フィッシャーの直接確率検定（正確確率検定）が使えます．両グループ間（あるいは統制群と実験群の群間）で正誤者数を検定することで，どの調査項目に正誤者数に有意な差があるかないかが明らかになります．

　検定の仕方については，「中野博幸・田中敏（2012）：フリーソフトjs-STAR でかんたん統計データ分析，技術評論社」が参考になりますので購入をお薦めします．この本を参考に簡単に説明します．

　「石井俊行・寺窪佑騎（2018）：水溶液濃度計算におけるつまずきの要因分析と学習指導法の検討～小学校からの教科横断型カリキュラム・マネジメント～，科学教育研究，日本科学教育学会，42(1)，25-36.」を引用し，以下に説明します．

　グループⅠ，Ⅱ，Ⅲに該当する生徒の，「公式問題」(1)～(5)の技能における正誤者の人数が表3-6 のようになりました．

　この結果をもとに，グループⅡとⅢの両グループ間で有意な差のある「公式問題」の技能はどれなのかを特定することにします．この特定を行うためにフィッシャーの直接確率検定を用います．

表3-6　グループⅠ，Ⅱ，Ⅲの生徒の「公式問題」の正誤者数

＜出典＞石井俊行・寺窪佑騎（2018）：水溶液濃度計算におけるつまずきの要因分析と学習指導法の検討～小学校からの教科横断型カリキュラムマネジメント～，科学教育研究，日本科学教育学会，42(1)，25-36，表４より一部引用

調査の種類		グループ名	グループⅠ		グループⅡ		グループⅢ	
		該当者数（人）	23		14		21	
		調査の内容	正答	誤答	正答	誤答	正答	誤答
公式問題	(1)	溶液の構造	22	1	13	1	14	7
	(2)	公式中の用語	20	3	13	1	11	10
	(3)	化学用語での公式	20	3	11	3	6	15
	(4)	食塩水の公式	22	1	12	2	13	8
	(5)	公式の変形	17	6	5	9	4	17

第3章 「結果」（Results）

【課題】

　「公式問題」(1)〜(5)の技能の中で，グループ II と III の両グループ間で正誤者数に有意な差がある技能はどれかを特定する．

　「中野博幸・田中敏（2012）：フリーソフト js-STAR でかんたん統計データ分析，技術評論社」にあります HP のアドレスから「js-STAR（http：//www.kisnet.or.jp/nappa/software/star/）」を立ち上げます．
　左側にいろいろな分析ツールがありますが，「2×2 表（Fisher's exact test）」を選択すると，入力画面が出てきます．

　まず初めに，問 1 の「溶液の構造」に関し，正誤の人数に有意な差があるかどうかを検定してみることにします．
　グループ II を仮に「群 1」，グループ III を仮に「群 2」とします．「群 1」の正答者が 13 人，誤答者が 1 人ですので，「観測値 1」に「13」と入力し，「観測値 2」に「1」と入力します．「群 2」の正答者が 14 人，誤答者が 7 人ですので，「観測値 1」に「14」と入力し，「観測値 2」に「7」と入力します．「計算！」をクリックすると，下部に両側検定：$p = 0.1078$ ns（$.10 < p$）と表示されます．両側検定の p 値が 0.05 よりも大きいために，問 1 の「溶液の構造」ではグループ II とグループ III の間には有意な差があるとは認められないことがわかります．

　次に，問 2 の「公式中の用語」に関し，人数に有意な差があるかどうかを検定してみることにします．
　グループ II は「群 1」，グループ III は「群 2」ですので，「群 1」の正答者が 13 人，誤答者が 1 人ですので，「観測値 1」に「13」と入力し，「観測値 2」に「1」と入力します．「群 2」の正答者が 11 人，誤答者が 10 人ですので，「観測値 1」に「11」と入力し，「観測値 2」に「10」と入力します．

　「計算！」をクリックすると，下部に両側検定：$p = 0.0233^*(p < .05)$ と表示されます．両側検定の p 値が 0.05 よりも小さいために，問 2 の「公式中の用語」では，グループⅡとグループⅢの間には 5 ％水準で有意な差があることが認められました．ここでの「.05」の表記ですが，「0.05」の最初の部分の「0」を省略し，「.05」と表記することが多く，* 印 1 つは 5 ％水準で有意な差があることを示す記号です．

　同様に問 3 の「化学用語での公式」を検定したところ，両側検定：$p = 0.0059^{**}(p < .01)$ となり，1 ％水準で有意な差が認められました．ここでの「.01」の表記ですが，「.05」の表記と同様に，「0.01」の最初の部分の「0」を省略し，「.01」と表記することが多く，** 印 2 つは 1 ％水準で有意な差があることを示す記号です．

　同様に，問 4「食塩水の公式」，問 5「公式の変形」を検定したところ，両側検定：$p = 0.2516 \, \text{ns}(.10 < p)$，両側検定：$p = 0.4318 \, \text{ns}(.10 < p)$ で，有意な差があるとは認められませんでした．

　以上をまとめますと，グループⅡとグループⅢの間では，(2)「公式中の用語」の技能が 5 ％水準で，(3)「化学用語での公式」の技能が 1 ％水準で有意な差があることが認められました．
　このような操作をグループⅠ〜Ⅵの 2 群間における検定結果をまとめ，表 3-7 のような一覧表ができ上がりました（灰色の部分が 5 ％水準，あるいは 1 ％水準で有意な差があった技能を示しています）．

表 3-7　各グループ間の直接確率検定の結果の一覧

<出典> 石井俊行・寺窪佑騎（2018）：水溶液濃度計算におけるつまずきの要因分析と学習指導法の検討〜小学校からの教科横断型カリキュラム・マネジメント〜，科学教育研究，日本科学教育学会，42(1)，25-36，表 5 より引用

種類	番号	調査の内容	ⅠとⅡ		ⅡとⅢ		ⅢとⅣ		ⅢとⅤ		ⅢとⅥ	
公式問題	(1)	溶液の構造	1.0000	n.s.	.1078	n.s.	1.0000	n.s.	.5602	n.s.	.0248	(p<.05)
	(2)	公式中の用語	1.0000	n.s.	.0233	(p<.05)	.7043	n.s.	1.0000	n.s.	.0978	n.s.
	(3)	化学用語での公式	.6534	n.s.	.0059	(p<.05)	.6854	n.s.	.5565	n.s.	1.0000	n.s.
	(4)	食塩水の公式	.5441	n.s.	.2516	n.s.	.4414	n.s.	.2516	n.s.	.0227	(p<.05)
	(5)	公式の変形	.0379	(p<.05)	.4318	n.s.	.6478	n.s.	.7058	n.s.	.1100	n.s.
計算問題	(1)	百分率の小数からの変換	.7321	n.s.	.7241	n.s.	.7116	n.s.	.0094	(p<.05)	.0002	(p<.05)
	(2)	百分率の計算	.3784	n.s.	.6272	n.s.	.3809	n.s.	.0085	(p<.05)	.0004	(p<.05)
	(3)	食塩水の構造	1.0000	n.s.	.1334	n.s.	.3809	n.s.	.0006	(p<.05)	.0237	(p<.05)
	(4)	方程式の計算 a	1.0000	n.s.	.0000	(p<.05)	.3226	n.s.	1.0000	n.s.	1.0000	n.s.
	(5)	方程式の計算 b	1.0000	n.s.	.0153	(p<.05)	1.0000	n.s.	.0727	n.s.	.0489	(p<.05)
意識調査	①	百分率（%）の計算が分かりにくい	.7130	n.s.	.1756	n.s.	1.0000	n.s.	.3557	n.s.	1.0000	n.s.
	②	濃度の公式を覚えられない	1.0000	n.s.	.0069	(p<.05)	.4285	n.s.	.0356	(p<.05)	.0740	n.s.
	③	濃度の公式を使えない	1.0000	n.s.	.0697	n.s.	.7043	n.s.	1.0000	n.s.	.3340	n.s.
	④	何から求めたらよいか分からない	.1459	n.s.	1.0000	n.s.	.7207	n.s.	.5683	n.s.	.7479	n.s.
	⑤	問題を読み取れない	.0569	n.s.	.7241	n.s.	.4472	n.s.	.7685	n.s.	.5254	n.s.
	⑥	溶媒などの用語が分からない	1.0000	n.s.	.0233	(p<.05)	1.0000	n.s.	1.0000	n.s.	.5233	n.s.

3.6 図や表の作成

「論文」を手にしたとき，最初に図や表だけを眺める読者も多いものです．あなたの書いた「論文」を，最初から丁寧に読んでくれる読者はほとんどいないのが現実です．読むか読むまいかで悩み，自分が今直面している研究に必要であるか，あるいは興味がある場合でなければ，ちらっと読む程度で終わってしまうことが多いものです．

それを何とか打破するためには，視覚的に目立ちやすい図や表の作成に神経を注ぐべきです．そうは言っても，「論文」はせいぜい 10 頁程度に仕上げることを考えれば（頁が増えるごとに超過料金が加算され，著者が負担する），目立てばよいと，大きくレイアウトするのは考えものです．紙面の頁数と印刷費用を考えながら，うまくレイアウトしなければなりません．

そこで，注意事項を以下に 7 点述べます．

3.6.1 図や表でのタイトルの位置

初めて「論文」を書くときは，図や表を説明する「タイトル」なんて，読者にわかるように，図や表の上下のどこかにでも記しておきさえすれば，よいものだと思いがちです．

しかし，「学術論文」等では，記す位置が決まっています．簡単な「報告書」などでは，そのタイトルの位置を逆の位置に記したものも散見することもありますが，図の説明の「タイトル」は図の下部に，表の説明の「タイトル」は表の上部につけることが決まっています．

このことを一生忘れることのないように，私流の覚え方を以下に紹介します．「図（Zu）の頭文字は Z で，Z はアルファベット順で最後なので下部に，表（Hyou）の頭文字は H で，H はアルファベット順で Z よりも前なので上部に記す」と覚えています．

図や表の「タイトル」は，決められた位置につけていきましょう．

3.6.2 図や表は「論文」を読む際の羅針盤

読者は図や表に注目（重要視）する傾向にあります．「考察」を読んでいる読者がデータを探すときに，図や表が目立つと助かります．一種の羅針盤にもなりえます．

調査結果を表に作成してみると，膨大なデータも表 1 枚にすっきりと収まるものです．その例を表 3-8 に示します．全体のデータが表 1 枚にまとめられることがわかります．

また，どのような手順で調査や実験を実施したのかを，読者に理解してもらうには，図は非常に適しています．図で表現すると，どのような手順で行ったのかが，一目で理解できるからです．その例を図 3-2 に示します．

調査の「方法」について多くの言葉で語るよりも，図をつくり，それを用いることで，簡単に説明することができます．読者にすぐに理解してもらえる図や表を効果的に作成し，それを文章で説明していきましょう．読者ファーストに徹するべきです．

かつて私が主著者で書いた石井・岡本・柿沼（2020）の「論文」も，表現に曖昧な箇所があったため，査読者に間違って内容を捉えさせてしまった経験があります．

表 3-8　膨大なデータも表 1 枚に収まる例

＜出典＞石井俊行・岡本智子・柿沼宏充（2020）：小学 4 年「ものの温度と体積」に粒子モデルを導入することの効果～電子レンジで粒の動きと温度の関係に着目させて～，科学教育研究，日本科学教育学会，44(3)，168-179，表 2 より引用

型	統制群 水 前	水 後	水 テスト	空気 前	空気 後	空気 テスト	金属 前	金属 後	金属 テスト	実験群 水 前	水 後	水 テスト	空気 前	空気 後	空気 テスト	金属 前	金属 後	金属 テスト
ア	1 (3.2)	1 (3.2)	0 (0.0)	0 (0.0)	0 (0.0)	0 (0.0)	2 (6.5)	3 (9.7)	2 (6.5)	1 (1.8)	0 (0.0)	0 (0.0)	0 (0.0)	0 (0.0)	0 (0.0)	0 (0.0)	0 (0.0)	1 (1.8)
イ	0 (0.0)	0 (0.0)	1 (3.2)	0 (0.0)	0 (0.0)	2 (6.5)	19 (61.3)	18 (58.1)	20 (64.5)	0 (0.0)	52 (91.2)	51 (89.5)	55 (96.5)	56 (98.2)	51 (89.5)	47 (82.5)	48 (84.2)	51 (89.5)
ウ	0 (0.0)	0 (0.0)	1 (3.2)	0 (0.0)	0 (0.0)	0 (0.0)	0 (0.0)	1 (3.2)	0 (0.0)	0 (0.0)	0 (0.0)	0 (0.0)	0 (0.0)	0 (0.0)	0 (0.0)	0 (0.0)	0 (0.0)	0 (0.0)
エ	0 (0.0)	0 (0.0)	0 (0.0)	0 (0.0)	2 (6.5)	2 (6.5)	0 (0.0)	0 (0.0)	1 (3.2)	0 (0.0)	0 (0.0)	0 (0.0)	0 (0.0)	0 (0.0)	1 (1.8)	0 (0.0)	0 (0.0)	2 (3.5)
オ	10 (32.3)	17 (54.8)	14 (45.2)	11 (35.5)	19 (61.3)	12 (38.7)	2 (6.5)	2 (6.5)	4 (12.9)	20 (35.1)	0 (0.0)	1 (1.8)	1 (1.8)	0 (0.0)	1 (1.8)	3 (5.3)	0 (0.0)	0 (0.0)
カ	6 (19.4)	0 (0.0)	3 (9.7)	2 (6.5)	0 (0.0)	0 (0.0)	0 (0.0)	2 (6.5)	1 (3.2)	10 (17.5)	4 (7.0)	0 (0.0)	0 (0.0)	0 (0.0)	0 (0.0)	4 (7.0)	8 (14.0)	1 (1.8)
キ	0 (0.0)	0 (0.0)	1 (3.2)	0 (0.0)	0 (0.0)	2 (6.5)	2 (6.5)	0 (0.0)	0 (0.0)	0 (0.0)	0 (0.0)	4 (7.0)	0 (0.0)	0 (0.0)	2 (3.5)	0 (0.0)	0 (0.0)	0 (0.0)
ク	6 (19.4)	1 (3.2)	2 (6.5)	3 (9.7)	3 (9.7)	0 (0.0)	0 (0.0)	0 (0.0)	1 (3.2)	12 (21.1)	0 (0.0)	0 (0.0)	0 (0.0)	0 (0.0)	0 (0.0)	1 (1.8)	0 (0.0)	1 (1.8)
ケ	0 (0.0)	0 (0.0)	0 (0.0)	0 (0.0)	0 (0.0)	0 (0.0)	0 (0.0)	0 (0.0)	0 (0.0)	0 (0.0)	0 (0.0)	0 (0.0)	0 (0.0)	0 (0.0)	0 (0.0)	1 (1.8)	0 (0.0)	0 (0.0)
コ	0 (0.0)	0 (0.0)	0 (0.0)	0 (0.0)	0 (0.0)	0 (0.0)	5 (16.1)	5 (16.1)	0 (0.0)	8 (14.0)	0 (0.0)	0 (0.0)	0 (0.0)	0 (0.0)	0 (0.0)	0 (0.0)	0 (0.0)	0 (0.0)
サ	2 (6.5)	10 (32.3)	6 (19.4)	11 (35.5)	7 (22.6)	9 (29.0)	1 (3.2)	0 (0.0)	0 (0.0)	0 (0.0)	0 (0.0)	0 (0.0)	0 (0.0)	0 (0.0)	1 (1.8)	0 (0.0)	0 (0.0)	0 (0.0)
ス	6 (19.4)	2 (6.5)	0 (0.0)	4 (12.9)	0 (0.0)	0 (0.0)	0 (0.0)	0 (0.0)	0 (0.0)	0 (0.0)	0 (0.0)	0 (0.0)	0 (0.0)	0 (0.0)	0 (0.0)	0 (0.0)	0 (0.0)	0 (0.0)
該当なし	0 (0.0)	0 (0.0)	3 (9.7)	0 (0.0)	0 (0.0)	0 (0.0)	2 (6.5)	0 (0.0)	2 (6.5)	6 (10.5)	1 (1.8)	1 (1.8)	1 (1.8)	1 (1.8)	1 (1.8)	1 (1.8)	1 (1.8)	1 (1.8)
計	31 (100)	31 (100)	31 (100)	31 (100)	31 (100)	31 (100)	31 (100)	31 (100)	31 (100)	57 (100)	57 (100)	57 (100)	57 (100)	57 (100)	57 (100)	57 (100)	57 (100)	57 (100)

41

　査読者ほど，「論文」をじっくりと読んでくれる方はいません．小さなミスをはじめ，論理に矛盾はないか，適切な方法がとられているか等を指摘する立場にあり，その多くは「論文」を書いているプロである大学教員です．その方に捉え違いをさせてしまいました．

　修正「論文」では，文章を修正したのはもちろん，さらに図を 1 つ作成し（図 2-1），読者に容易に理解していただけるようにしました．その「論文」は，査読を無事に通過して，学会の研究紀要（学会員による投稿論文の中から査読が通った論文を掲載する，定期的に発行される学術誌のこと）に掲載されました．図とそれを説明する文章の両方とで，読者が捉えづらい箇所でもすぐに理解してもらえることを，改めて実感した次第です．

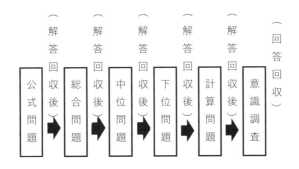

＜出典＞ 石井俊行・寺窪佑騎（2018）：水溶液濃度計算におけるつまずきの要因分析と学習指導法の検討〜小学校からの教科横断型カリキュラム・マネジメント〜，科学教育研究，日本科学教育学会，42(1)，25-36，図 1 より引用

図 3-2　調査の手順を説明する図の一例

3.6.3　図や表での注目箇所は灰色で強調

　表中で，特に注目して欲しい部分は，うすい灰色を使って強調することです．前節 3.5 の表 3-7 では，フィッシャーの直接確率検定で，5 ％水準，あるいは 1 ％水準で有意な差があった箇所を，うすい灰色で強調しています．灰色に強調することで，読者はどの箇所が有意な差が認められたのかが一目でわかります．

3.6.4 表での縦線と共通部分の扱い

　縦線が多く使われている表は煩わしいものです．縦線が多い表である表3-9を見てください．この表から縦線をなるべく少なくした表3-10は，表としてすっきり見えるのではないでしょうか．

表 3-9　表の描き方の説明表（縦線が多い表）

<出典> 石井俊行・八朝陸（2017）：電熱線の発熱の学習に粒子概念を導入することの効果〜小学生に発熱の仕組みを理解させるために〜，科学教育研究，日本科学教育学会，41(4)，438-448，表2を一部改変して引用

テストの種類											
ポスト						フォローアップ					
テストの種類		実験群		統制群		テストの種類		実験群		統制群	
		正答	誤答	正答	誤答			正答	誤答	正答	誤答
テストA	（1）	56	3	28	0	テストA	（1）	56	3	28	0
テストB	（1）	54	5	24	4	テストB	（1）	55	4	26	2
	（2）	50	9	24	4		（2）	53	6	27	1
合計点の平均値		1.76		1.71		合計点の平均値		1.83		1.89	
テストC	（1）	59	0	24	4	テストC	（1）	58	1	28	0
	（2）	57	2	22	6		（2）	56	3	27	1
	（3）	53	6	23	5		（3）	54	5	27	1
合計点の平均値		2.86		2.46		合計点の平均値		2.85		2.93	

　このように，縦線は必要最小限に使用していった方がよいことがわかります．また，表中には共通部分も多く，その共通部分を省略することで，さらに表が見やすくなります．

　表3-10では，ポストテストとフォローアップテストで，「テストの種類の列（テスト A，テスト B，合計点の平均値，テスト C，合計点の平均値)」の部分は共通ですので，フォローアップテスト側を省略することができます．その共通の部分を省略した表を表3-11に示します．共通の部分を割愛することで，表はすっきりし，「論文」中に表が占める割合も少なくなりました．

表3-10　表の描き方の説明表（縦線を少なくした表）

<出典> 石井俊行・八朝陸（2017）：電熱線の発熱の学習に粒子概念を導入することの効果〜小学生に発熱の仕組みを理解させるために〜，科学教育研究，日本科学教育学会，41(4)，438-448，表2を一部改変して引用

テストの種類		ポスト（実験群 正答）	ポスト（実験群 誤答）	ポスト（統制群 正答）	ポスト（統制群 誤答）	テストの種類		フォローアップ（実験群 正答）	フォローアップ（実験群 誤答）	フォローアップ（統制群 正答）	フォローアップ（統制群 誤答）
テストA	（1）	56	3	28	0	テストA	（1）	56	3	28	0
テストB	（1）	54	5	24	4	テストB	（1）	55	4	26	2
	（2）	50	9	24	4		（2）	53	6	27	1
合計点の平均値		1.76		1.71		合計点の平均値		1.83		1.89	
テストC	（1）	59	0	24	4	テストC	（1）	58	1	28	0
	（2）	57	2	22	6		（2）	56	3	27	1
	（3）	53	6	23	5		（3）	54	5	27	1
合計点の平均値		2.86		2.46		合計点の平均値		2.85		2.93	

表3-11　表の描き方の説明表（共通部分を省略した表）

<出典> 石井俊行・八朝陸（2017）：電熱線の発熱の学習に粒子概念を導入することの効果〜小学生に発熱の仕組みを理解させるために〜，科学教育研究，日本科学教育学会，41(4)，438-448，表2より引用

テストの種類		ポスト 実験群 正答	ポスト 実験群 誤答	ポスト 統制群 正答	ポスト 統制群 誤答	フォローアップ 実験群 正答	フォローアップ 実験群 誤答	フォローアップ 統制群 正答	フォローアップ 統制群 誤答
テストA	（1）	56	3	28	0	56	3	28	0
テストB	（1）	54	5	24	4	55	4	26	2
	（2）	50	9	24	4	53	6	27	1
合計点の平均値		1.76		1.71		1.83		1.89	
テストC	（1）	59	0	24	4	58	1	28	0
	（2）	57	2	22	6	56	3	27	1
	（3）	53	6	23	5	54	5	27	1
合計点の平均値		2.86		2.46		2.85		2.93	

3.6.5　白黒印刷を前提に図や表を作成する

　PDF を簡単に作成できる現在，学会等での口頭発表用の発表要項では，カラーでの PDF での提出も簡単にできるようになりました．

　しかし，印刷となると，実際にカラー印刷ができないプリンターも依然多いものです．たとえカラー印刷ができたとしても，白黒印刷に比べ，多くのコストがかかります．やはり白黒印刷を前提とした図や表の作成に徹するべきだと思います．

　折れ線グラフの線をカラーで色づけしたとしても，プロットされた点の記号を■，●，▲というように変えておけば，白黒印刷したとしてもグラフの種類は判別できます．いろいろと試してみてください．

3.6.6　図や表の大きさを考慮しておく

　「論文」中における図や表の大きさは，どれだけ縮小して「論文」にはめ込まれるのかを考えて作成しておく必要があります．なぜなら，図や表が「論文」にはめ込まれる際には，作成のときよりも縮小されるため，凡例を説明する文字などは特に読みにくくなるからです．読者に配慮して作成しておきましょう．

3.6.7　書籍などでの図や表の抜粋に注意

　あなたが作成した図や表も，ケースは稀ですが，他の誰かが執筆する書籍や「論文」に引用され，そのままの形で掲載されることがあります．そのためにも，あらかじめ本文の説明がなくても，図や表単独で読者に伝えたい内容が伝わるように，図や表は作成しておくべきです．

　なお，あなたが学会等のレジュメ（配布物）を作成する際には，たとえ自身が作成した図や表であっても，「自己剽窃」といった盗用の1つと見なされてしまわないように，その引用元はしっかりと明記しておくことです．

3.7　「結果」の事例 1

「石井俊行・橋本美彦(2011):分解と化合における子どものわかりやすさからみた学習の順序性とその指導法に関する提言,理科教育学研究,日本理科教育学会,51(3),25-32.」の「結果」を抜粋して,以下に「結果」の書き方について説明します.

---

3. 結果

　　調査対象の学習順序を変えた 2 つのグループ(分解→化合グループ 41 人,化合→分解グループ 42 人)の間には,12 月と 2 月の 2 回の定期テストの結果から,理科学力に有意な差はみられなかった.(12 月:$t_0 = 0.56 < 1.99$ ns,2 月:$t_0 = 0.47 < 1.99$ ns)(☞両群が等質とみなせることに言及している)

3.1　「分解」・「化合」のわかりやすさの傾向

　　学習順序の異なる 2 つのグループの生徒に「分解」と「化合」のどちらの方がわかりやすいかを聞いた.その結果を表 1 に示す.この表から,分解→化合グループ 41 人中 25 人,化合→分解グループ 42 人中 25 人の生徒が「化合」の方がわかりやすいと回答し,これは,各グループの約 60 %に達していた.このことは,中学生にとって,「分解」よりも「化合」の方がわかりやすいと捉えていることを示している.(☞表 1 が示す結果について述べている)その理由を集計したものを表 2 に示す.この表から,「化合」の方がわかりやすいという理由では,「何かと何かが結びついて新しい何かができる考え方がわかりやすいから」が合計 39 人,「どのような化合物ができるかがわかるから」が合計 4 人,「化合の化学反応式の方がわかりやすいから」が合計 4 人,「酸化の考え方をもとにするとわかりやすいから」が合計 3 人であることがわかる.(☞表 2 が示す結果について述べている)

3.2　学習順序のわかりやすさの傾向

　　学習順序の違う 2 つのグループの生徒に,「分解」→「化合」と「化合」→「分解」のどちらの学習順序の方がわかりやすいかを聞いた.その結果を表 3 に示す.この表から,分解→化合グループ 41 人中 29 人,化合→分解グループ 42 人中 31 人の生徒が「化合」→「分解」の学習順序の方がわかりやすいと回答し,これは各グループの約 70 %に達していた.このことから,中学生は,「化合」→「分解」と学んだ方がわかりやすいと思っていることがわかる.その理由を集計したものを表 4 に示す.[後略](☞表 3

が示す結果について述べている）

3.3 理科学力差による「分解」・「化合」，及び学習順序のわかりやすさの傾向

［省略］

3.4 学習順序の記憶

　学習順序の違う2つのグループの生徒をそれぞれ理科学力（上位群，中位群，下位群）の差によって分け，自分が学習した順序を覚えているかを調査した．その結果を表7に示す．この表からわかるように，自分自身が学習した順序を正確に記憶していた生徒は，化合→分解グループの生徒は，42人中30人（71.4 %）の生徒が正確に覚えているのにもかかわらず，分解→化合グループの生徒では，41人中8人（19.5 %）と非常に少ないことがわかる．このことは言い換えると，教科書の配列通りに学習（分解→化合グループ）した生徒の41人中26人（63.4 %）が，逆の「化合」から「分解」の順に学習したと思っていたことになる．χ^2 検定の結果（$\chi^2 = 28.22$, $df = 2$, $p < .05$），両グループ間で学習順序の記憶に有意な差がみられた．（☜ この事実が憶測ではないことを検定結果からも裏付けている）

　一方，教科書の配列通りに学習（分解→化合グループ）した生徒41人について，理科学力の差によって自分自身が学習した順序の記憶にどのような影響があるのかをみてみると，上位群では「分解」→「化合」と正しく記憶していた生徒と「化合」→「分解」と順序を逆に記憶していた生徒は，同数の4人（40 %）と違いはなかった．しかし，中位群では「化合」→「分解」と順序を逆に記憶していた生徒は13人（61.9 %），下位群のそれでは，9人（90.0 %）と，理科学力が低くなるにつれて，「化合」→「分解」と学習した順序を逆に記憶している傾向が強いことがわかった．

　さらに，なぜ「化合」→「分解」と逆の順序で学習したと思いこんでいたのかの原因を解明するために，教科書の配列通りに学習（分解→化合グループ）した生徒41人の内で学習順序を逆に記憶していた26人（63.4 %）に対して，その理由を尋ねた．その結果，「Aの物質とBの物質からCという化合物ができたかがわかるから」が13人，「化合は印象深い実験が多いから」が10人，「試験に多く出やすいから」が3人であった．（☜ 生徒が逆に記憶していた事実とその理由について述べている）

3.5 化学反応式（水の分解・生成）のわかりやすさ

　学習順序の異なる2つのグループの生徒に，「水の分解」と「水の生成」の化学反応式を示し，どちらの方がわかりやすいか，また，その理由は何かを聞いた．その結果をそれぞれ表8，表9に示す．両グループともに，「水

の生成」（化合）の方がわかりやすいと回答し，合計では，約 60 ％に達していた．その主な理由として，「何かと何かが結びついて新しい何かができる考え方がわかりやすいから」が合計 34 人，「化合の化学反応式の方がわかりやすいから」が合計 10 人であった．このことから，生徒にとっては，「水の生成」（化合）の化学反応式の方が「水の分解」のそれに比べわかりやすいことがわかる．（☜水の「生成」が「分解」に比べわかりやすい事実とその理由について述べている）

3.6　学習順序の違いによる学習内容の定着

　　学習後約 4 ヶ月の分解→化合グループと化合→分解グループ間での「化学変化」に関する学習内容の定着度を比較分析した．この結果を表 10 に示す．*t* 検定の結果，両グループの 3 群の間には，有意な差はみられなかった．（☜学習内容の定着の差について述べている）

3.8　「結果」の事例 2

　「石井俊行・寺窪佑騎（2018）：水溶液濃度計算におけるつまずきの要因分析と学習指導法の検討〜小学校からの教科横断型カリキュラム・マネジメント〜，科学教育研究，日本科学教育学会，42(1), 25-36.」の「結果」を抜粋して，以下に「結果」の書き方について説明します．

Ⅳ．結果

　　本研究で行った調査問題の「総合問題」「中位問題」「下位問題」「公式問題」「計算問題」における採点は，正答を 1 点，誤答を 0 点とした．「意識調査」では，選択肢ごとの合計人数によって分析を行った．

1．各テストにおける正答者数とその正答率

　　「総合問題」「中位問題」「下位問題」「公式問題」「計算問題」のそれぞれのテストでの正答者数とその正答率，及び標準偏差を表 1 に示す．

　　この表から明らかなように，「総合問題」には全生徒の 20.0 ％しか正答できていないことが分かる．また，「中位問題」（問 1）の正答率は 50.4 ％で，平成 27 年度全国学力・学習状況調査 A 問題の濃度問題の正答率（46.0 ％）とほぼ近い数値になっていることが分かる．また，「下位問題」（問 1）は

84.3 ％の生徒が正答しているが,「下位問題」(問 2) では,43.5 ％の生徒しか正答できていないことが分かる.

さらに,「公式問題」(問 5) や「計算問題」(問 4) は 20〜30 ％の生徒しか正答できていないことが分かる.(☞表 1 から明らかになったことを述べている)

2.「総合問題」「中位問題」「下位問題」と「公式問題」「計算問題」との関係
「総合問題」「中位問題」「下位問題」の解決には,「質量パーセント濃度の公式」を理解し,その公式を適用する能力が関係しているのかを明らかにするために,以下の分析を行った.

その方法は,まず「総合問題」「中位問題」(問 1)(問 2)「下位問題」(問 1)(問 2) のそれぞれについて正答者と誤答者に分けた.次にその両者の「公式問題」(問 1〜問 5) の正答数の合計点を生徒ごとに算出した.この両者間で正答数の合計点の平均値に有意な差があるのかを t 検定を用いて算出した.同様の分析を「計算問題」(問 1〜問 5) の正答数の合計点についても行った.それらの結果を表 2 に示す.この表から明らかなように,すべての問題で,「公式問題」「計算問題」の平均値に 5 ％水準で有意な差が認められた.このことから,「総合問題」「中位問題」「下位問題」を解決するには,「公式問題」「計算問題」を解答する能力と深く関係していることが分かる.(☞問題同士の関係について分析結果から述べている)

3. 習熟度の違いによるグループ分け
生徒を習熟度の違いによりグループ分けをする.

第 1 項でも述べたように,「中位問題」(問 1) の正答率は 50.4 ％であり,平成 27 年度全国学力・学習状況調査 A 問題の濃度問題の正答率 (46.0 ％) とほぼ近い数値となっている.「中位問題」の正答者と誤答者との間には,Fisher の直接確率検定の結果からも有意差がみられず,ちょうど正答者,不正答者が半数ずつとなったことから,本研究ではこの問題の正誤を 1 つの大きな基準に設定し,最初に全生徒を正答できた生徒(上位群 (58 人))と,正答できなかった生徒(下位群 (57 人))の 2 つのグループに分けた.[後略]

(a)「公式問題」「計算問題」「意識調査」におけるグループ毎の正答・誤答者数での比較
前項で分けた 6 グループにおけるグループ毎の「公式問題」「計算問題」での正答・誤答者数を表 4 に示す.この表から分かるように,「公式問題」「計算問題」でのグループ毎の正答者数と誤答者数を比べると,グループ I

は，正答者数が誤答者数に比べて多く，グループⅡ，Ⅲ，Ⅳ，Ⅴ，Ⅵになるにつれ，誤答者数が少しずつではあるが多くなっていることが分かる．

　また，「意識調査」での濃度問題を解く際の苦手な項目（①〜⑥）の選択の有無をグループ毎に比べると，グループⅠは，「有」と回答する生徒数は「無」と回答する生徒数に比べて少なく，グループⅡ，Ⅲ，Ⅳ，Ⅴ，Ⅵになるにつれ，「有」と回答する生徒数が「無」と回答する生徒数に比べて少しずつ多くなっていることが分かる．（☞**表4の全体的傾向について述べている**）

(b)　グループ間同士の比較

　なぜ「総合問題」に正答することができなかったのかの要因を明らかにするために，隣接するグループ間でどのような知識・技能が不足していてつまずいているのかを，また濃度問題を解く際に抱く苦手意識に違いがあるのかを調べることで，水溶液濃度計算でつまずく要因が明らかになると考えた．そこで，比較するグループ間における，「公式問題」「計算問題」それぞれの正答者数と誤答者数をもとに，Fisher の直接確率検定を行った．また，「意識調査」での濃度問題を解く際の苦手な項目（①〜⑥）の選択の有無の回答数をもとに，Fisher の直接確率検定を行った．計算には，js-STAR version8.9.6j（β版）を用いた．（☞**検定に用いたソフト名等を記している**）なお，グループⅡはグループⅠと比較することで，グループⅢはグループⅡと比較することで，グループⅣはグループⅢと比較することでつまずきの要因を明らかにしていく．また，グループⅤ，グループⅥの生徒については，「中位問題」（問1）の正答を目標としたため，グループⅤとグループⅥについてはグループⅢと比較することでつまずきの要因を明らかにしていくこととした．（☞**分析していく方針について述べている**）それらの結果を表5に示し，その分析結果について以下に述べる．

㋐　グループⅠとグループⅡの比較

　グループⅠとグループⅡの比較では，「公式問題」（問5）の「公式の変形」のみにおいて，5％水準で有意差が認められた（$p = 0.0379$）．（☞**グループⅠとⅡの検定結果を述べている**）

㋑　グループⅡとグループⅢの比較

　グループⅡとグループⅢの比較では，「公式問題」（問2）の「公式中の用語」，「公式問題」（問3）の「化学用語での公式」，「計算問題」（問4）（問5）の「方程式の計算a」「方程式の計算b」において，5％水準で有意差が認められ（$p = 0.0233$, $p = 0.0059$, $p = 0.0000$, $p = 0.0153$），「意識調査」②の「濃度の公式を覚えられない」と⑥の「溶媒などの用語

がわからない」において，5 ％水準で有意差が認められた（$p = 0.0069$,
$p = 0.0233$）．（☞グループⅡ，Ⅲの検定結果を述べている）

(ウ)　グループⅢとグループⅣの比較
　　〔省略〕

(エ)　グループⅢとグループⅤの比較
　　〔省略〕

(オ)　グループⅢとグループⅥの比較
　　〔省略〕

　以上のように，「結果」では，表，図，及び検定結果の数値を使って，
何が言えるのかを客観的に述べていきましょう．

第4章 ▶ 「考察」(Discussion)

4.1 「考察」に書くこと

　「考察」は，前章での「結果」を踏まえて議論を展開していく箇所です．

　「考察」では，「なぜそのような結果が得られたのか」の要因について述べたり，「その結果から何が言えるのか（何を意味するのか）」を解釈したりして，自分が主張したい「結論」へと読者を導いていく道筋をつくっていきます．

　このため，「考察」でも「結果」の章と同様に「ストーリー」が重視され，議論が積み重ねられます．「考察」でのそれぞれの節や項は，次章の「おわりに」における「結論」にうまくつながるよう，有機的に配置していきます．

4.2 「考察」での2種類の書き方

　「考察」の章では，「結果」と「考察」と別々の章に書く方法と，「結果と考察」と，1つの章にまとめて書く方法の2通りがあります．

　私は個人的には，「結果」と「考察」と別々の章に書く方法の方が，「論文」として格好がよいと思っています．

　この方法では，図4-1のように「結果」で「小見出し」をつけた節や項の他に，さらに「考察」で新たに「小見出し」をつけた節や項を設けることができます．すなわち，結果a→考察α，結果bと結果c→考察β，結果cと結果d→考察γというように，「結果」の節でのa，b，c，dの「小見出し」や項でのb_1，b_2，b_3，c_1，c_2，d_1，d_2の「小見出し」に加え，「考察」でも新たにα，β，γという節の「小見出し」や項でのβ_1，β_2の「小見出し」が設けられるため，読者はそこで何を主張したいのかがすぐにわかります．このことが，「結果」と「考察」と別々の章に書く方法の長所と言えます．

　短所としては，「結果」で述べたことを読者にもう一度思い出してもらうため，「考察」で再度そのことを述べる必要があり，「考察」の頁数を多くとってしまうことです．

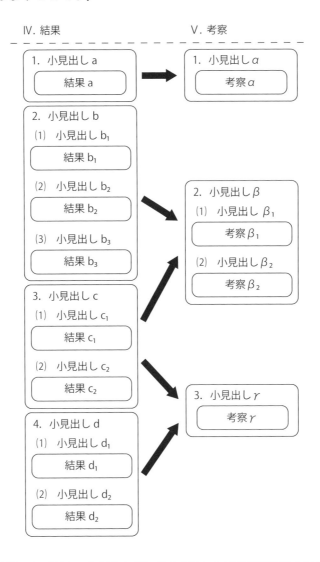

図 4-1 「結果」と「考察」と別々の章に書く方法における節や項の小見出しの関係

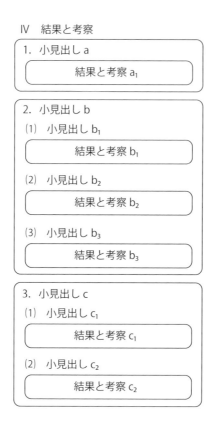

図4-2 「結果と考察」と1つの章にまとめて書く方法における節や項の小見出し

　一方，図4-2のように「結果と考察」と1つの章にまとめて書く方法では，長所として「結果」について述べた後，続けて「考察」を述べるため，読者に「考察」の箇所で「結果」について再度説明する必要がなく，頁数が少なくてすみます．また，書く側としても執筆しやすく，大学生の多くはこの方法の方が書きやすいと言います．

　短所としては，どこまでが「結果」の部分で，どこからが「考察」の部分なのかが判別しにくいこと，「考察」の節や項に新たに「小見出し」が設けられないため主張が通しにくいこと，及び各々の「結果」から明らかになったことを統合して「考察」を述べにくいことが挙げられます．

4.3 「考察」における「ストーリー」の重要性

　前述のように「考察」は，「結果」を踏まえ，自分が主張したい「結論」へと読者を導いていくための重要な箇所です．

　「ストーリー」を考え，一度書き終えたらデータ（図や表も含む）の選択は果たしてそれで良かったのか，また，データの選択が仮に良かったとしても，データを提示する順序やその解釈は正しかったのかを，何度も吟味しておくとよいでしょう．このため私は，以下の言葉を常々学生に言っています．

　「論文」の意義は，「研究仮説」の正当性を「ストーリー」をもたせて報告することにある．

　「論文」作成において，「ストーリー」ほど重要なものはありません．データの選択，それらを提示する順序，及びその解釈によっては全く違う「論文」に仕上がるからです．

　このことを皆さんにわかっていただくために，次項に 3 つの事例を挙げて説明します．

4.3.1 「ストーリー」の重要性の説明事例 1

　「石井俊行・大歳愛海（2019）：類推による問題解決能力を活かした理科学習指導法の検討～グラフ・データ解釈を向上させるために～，科学教育研究，日本科学教育学会，43(3)，244-252.」を引用し，以下に説明します．

　「数学テスト」と「理科テスト」の順序を変えることにより，その教科の影響を相殺する「研究デザイン」がよくとられます．

　「数学テスト」を先，次に「理科テスト」を行ったグループ A と「理科テスト」を先，次に「数学テスト」を行った逆の順序のグループ B との間で，「理科テスト」と「数学テスト」における正答者数と誤答者数を統

計学的検定で比べてみることにしました.

　検定の結果,「数学テスト」には有意な差は認められないものの,「理科テスト」の成績には有意な差が認められました. グループ A と B では, テストの順序を入れ替えただけなのです. このような結果になることは予想していましたが, あまりにもきれいに検定結果が出たのには驚きました. しかし, どのような「ストーリー」の「論文」に仕上げたら,「役立つ論文だ」,「面白い論文だ」と読者に思ってもらえるのかと悩みました.

　ほぼ「論文」が仕上がったので, この内容を学会で口頭発表し, 議論したところ,「途中まで比例し, 途中から一定になるグラフ」は, ほとんど数学では扱われないことがわかりました. 口頭発表でも発表要項は提出しますので, この時点では「数学テスト」,「理科テスト」と記していました.

　また, 結論として, 数学の教師と理科の教師の連携を重視した取組（数学教師と理科教師が自分の教科だけでなく, 他教科についても触れることで生徒はより理解が深まる）の重要性に関する「論文」となる予定でした. このような結論の「論文」は, 既に数本（e.g., 石井・橋本, 2016）発表しており, 同じような結論の「論文」となってしまい, 斬新さがないなあと思っていました（e.g., という表記は,「論文」中によく用いられる記号で, "イージー" と呼び, "例えば" という意味です）.

　しかし, 見方を変えると, インパクトのある, 面白い「論文」になることに気づきました. 冷静に今回の結果を考えてみたところ, テストの順序を入れ替えただけなのに, 正誤者数に有意な差が認められたのです.

　このことは, 意図的に教師が類似した「数学テスト」のような,「理科テスト」によい影響を及ぼすと考えられる事例を生徒に示すことで,「理科テスト」の成績を上げられる可能性があり, 新たに実証できた事実といえます.

　そこで, 結論を, 教師がターゲット問題に類似した内容を授業で効果的に提示することで, ターゲット問題である「理科テスト」の理解が促進さ

れるということにしました．このため，ターゲット問題である「理科テスト」に照準を合わせ，ターゲット問題に類似した内容の問題を「数学テスト」という名称ではなく，「類推テスト」と改名した方が読者は捉えやすくなると考えました（石井・大歳，2019）．

さらに，「はじめに（序論）」でも，数学と理科との連携，及びグラフの読み取りに関する「先行研究」から，グラフ解釈，及び類推に関する「先行研究」へと変え，題名も変えました．

このように，「ストーリー」を変えることにより，教師の引き出しの多さとともに，それを効果的に提示していくことの必要性に関する，「立ち位置」の全く違う「論文」に仕上がりました．

4.3.2 「ストーリー」の重要性の説明事例 2

「石井俊行・鶴見行雄（2021）：小学算数『単位量当たりの大きさ』が中学理科『密度』に及ぼす効果〜全国学力・学習状況調査問題『算数 A』と比較して〜，科学教育研究，日本科学教育学会，45(3)，280-291．」の「論文」を引用し，以下に説明します．

平成 30 年度全国学力・学習状況調査「算数 A」の混み具合の密度の正答率で，小学 6 年の 50.3 ％しか正答できていないことが明らかになっています（国立教育研究所，2018）．

この算数の調査問題を用いるとともに，中学理科で履修する「物質の密度」の問題も，これと同じ形式で理科問題を作成し，5 年の児童に調査を実施しました．このことで 5 年の児童は，中学理科で履修する未習である「物質の密度」に対するレディネス（その学習が理解できる状態（発達段階）にあるのか）は習得されているのかどうかについて論じようと当初から思っていました．

調査結果を分析したところ，「単位量当たりの大きさ」の問題（1 次元の針金の長さと重さの関係，及び 2 次元であるシートの面積と座っている人の人数の関係）と「物質の密度」の問題（3 次元であるブロックの体

積と重さの関係）の両者のテストを比べると，小学5年の約8割は，両テストは同じ型の問題であると気づきながらも，約5割は「単位量当たりの大きさ」を求める式の計算やその意味について理解できていない」（石井・鶴見，2021）ことがわかりました．

この結果を受け，小学5年の児童にとっては，「混み具合（1に当たる量）」はもちろん，中学理科で履修する「物質の密度」の内容の理解は難しく，「物質の密度」に関するレディネスは習得できていないこと，及び特に「混み具合（1に当たる量）」は丁寧な説明が必要であることを結論づけたような「論文」にするしかないと思いました．

そもそも，「混み具合（1に当たる量）」と「物質の密度」を全国学力・学習状況調査を用いて，比較した先行研究はありません．この部分では新規性もあるのですが，この「論文」の「ウリ」となる，面白い「ストーリー」が見出せず，「論文」を執筆する気になれない状況にありました．

しかし，見方を変えると，インパクトのある，面白い「論文」になることに気づきました．

それはデータをじっくり眺めながらふと考えついたのですが，もともと小学5年，6年の児童にとって，「混み具合（1に当たる量）」を理解することは難しいのです．ですから，小学校6年での全国学力・学習状況調査では，児童の約5割は誤答してしまうのです．

そこで，「単位量当たりの大きさ」のテストに正答した児童は，「物質の密度」のテストに正答（達成）できているのかについて調べてみることにしました．

調べてみたところ，達成率は約8割〜9割でした．このことは，児童は「単位量当たりの大きさ」に関し，シートの面積に対する座る人の人数から，ブロックの体積に対する重さへと，対象が変わってもうまく捉えていることが確認できました．これは新たな発見といえます．そこで，結論を，「小学5年算数『単位量当たりの大きさ』における知識・技能を習得

している概ねの児童は，中学理科の物質の密度を学習するための前提となる知識・技能をレディネスとして習得している」（石井・鶴見，2021）としました．

　このような「ストーリー」に変更することで，この「論文」の「ウリ」が見出せ，俄然執筆に意欲が出ました．

　したがって，同じデータを得ても，見方・考え方を変えることで「ストーリー」が変わり，結論も全く違う「論文」になります．「ストーリー」が変われば，作成する図や表も全く違ってきます．読者が納得する証拠となる図や表をうまく作成し，配置していきましょう．

4.3.3 「ストーリー」の重要性の説明事例 3

　「考察」における「ストーリー」の重要性を知っていただくために，私なりに脚色した接着剤のフィクションの話を以下にします．

　市場は，さらなる耐水性と接着効果の高い接着剤を求めています．そのような接着剤をつくろうと，研究者 A は何度も何度も薬品の調合の割合を変えながら実験し続けました．結果としてつくり上げた接着剤は，耐水性の効果は高いものの，接着効果は高いものではありませんでした．

　しかし，薬品の調合の割合と耐水性との関係に関するデータがありましたので，研究者 A は「接着剤における耐水性向上に関する実験評価」というタイトルで，「論文」を発表しました．市場には，既に耐水性と接着効果の高い接着剤が製品化されていましたので，この「論文」を発表したところでほとんど反響はありませんでした．

　一方，研究者 A の同僚の研究者 B は，この接着剤の他の特性について調べ直しました．その結果，何度着脱しても紙面を傷めることが少ない特性に気がつきました．研究者 B は，その特性に焦点を当て，データを整理し直し，「着脱・再使用可能な接着剤の開発〜紙面を傷めない付箋への応用〜」というタイトルで，「論文」を発表しました．この「論文」を発

表した研究者Bは，時の人としてマスコミにも取り上げられました．

　ここで皆さんに理解していただきたいことは，同じ接着剤の接着効果について論じた「論文」にもかかわらず，取り上げたデータの違いで，「ストーリー」が全く違う「論文」に仕上がるということです．すなわち，「ストーリー」の違いで，「結果」の中に組み込まれる図や表も違ってきます．それを受けて「考察」も変わり，「結論」も変わってきます．そして，連動して「はじめに（序論）」の部分における「先行研究」も，接着効果の高い接着剤に関した報告から，紙面を傷めることの少ない着脱・再使用可能な接着剤の報告へと変わり，「目的」，「タイトル」も変わります．

　以上のように，「論文」の「ウリ」となる部分に着目し，そこに焦点が当たるように「ストーリー」を変えることで，「論文」の価値も全く違ってくるのです．このことを読者の皆さんにわかっていただきたいと思い，3つの事例を挙げてきました．

　同じデータを得たとして，書き手が違えば異なる「考察」ができ上がるものです．「結論」を主張するために「考察」があります．その「考察」で言いたいことを言うための裏づけの資料として「結果」があります．これらが有機的に結びついて，1本の「論文」が構成されています．

　現在のデータで何が言え，どこまで言えるのかを的確に把握し，どのような「ストーリー」にするかをよく吟味していきましょう．

4.4　「文献」の引用で主張を補強する

　4.1で述べましたように「考察」では，「なぜそのような結果が得られたのか」の要因について述べたり，「その結果から何が言えるのか（何を意味するのか）」を解釈したりして，自分が主張したい「結論」へと読者を導いていく道筋をつくっていくのですが，その正当性を主張するために，「文献」を引用することがよくあります．「文献」を引用することで，

あなたの「論文」中で主張が弱い箇所を補強し，後押ししてくれます．「文献」を効果的に利用していきましょう．

　石井・橋本（2011a）では，データの分析から生徒が易しいと感じている「化合」反応から学習を進めていき，次に「分解」反応へといった順序で学習させていくことが重要だと「結論」として主張できることがわかりました．しかし，学習内容を「易しいことから難しいことへと進めていくべきだ」と，後押ししてくれる「文献」を探しても見つからず苦労しました．そのようなことは，当たり前過ぎて言及している「文献」が見つからないのです．

　しかし，諦めきれず，図書館中の教育学や教育工学分野の本をかたっぱしから調べたところ，ついに「藤島弘純（2003）：日本人はなぜ『科学』ではなく『理科』を選んだのか，築地書館」という「文献」を見つけることができました．

　この「文献」を引用することで，自分の主張の弱い箇所が補強され，その論文は無事，日本理科教育学会の研究紀要に掲載されました．次節4.5では，この事例を具体的に挙げて，「考察」の書き方について説明します．

4.5　「考察」の事例1

　「石井俊行・橋本美彦（2011）：分解と化合における子どものわかりやすさから見た学習の順序性とその指導法に関する提言，理科教育学研究，日本理科教育学会, 51 (3), 25-32.」の「考察」を抜粋し，以下に説明します．

4.　考察
　　本実験の結果をもとに，「化学変化」の学習はどのように実施していくことが有効なのかについて考察してみる．
　4.1　理解しやすい「化合」反応
　　生徒たちは，「分解」の学習と「化合」の学習のどちらを先に学習したとしても，理科学力の上位・中位・下位のいずれの群の生徒も，「化合」の方がわかりやすいと思っていることがわかった．一方で，質量保存の法則と定

比例の法則を含めた「化学変化」の学習を一通り終えた時点で，「分解」→「化合」と「化合」→「分解」の学習順序では，どちらの方が理解しやすいかを聞いた結果，約 70 ％以上の生徒が，「化合」→「分解」の順に学習した方がわかりやすいと回答し，特に下位群の生徒にその傾向が強かった．その理由の多くは，「何かと何かが結びついて新しい何かができる考え方がわかりやすいから」というものであった．（☞結果を踏まえ，化合の方が理解しやすい理由について述べている）

特にここで注目すべきことは，（☞読者に注目してほしいときの常套句です）「分解」→「化合」の順序で学習したのにもかかわらず，41 人中 26 人（63.4 ％）の生徒が，逆の「化合」から「分解」の順に学習したと思いこんでいたことである．（☞注目すべきことについて述べている）しかも，「化学変化」を十分に理解していると考えられる上位群の生徒でさえも，「化合」→「分解」の順序で学習したと思いこんでいる生徒数が「分解」→「化合」の順序で学習したと正しく記憶していた生徒数と同数存在していることである．

なぜそのように学習順序が逆に記憶されたのか．（☞読者に問題提起をしている）その理由は，ほとんどが「A の物質と B の物質から C という化合物ができたかがわかったから」や「化合は印象深い実験が多いから」といったものであった．このことは，仮に，「化学変化」の学習が「分解」→「化合」という順序で進められたとしても，生徒たちは，「化学変化」の学習を一通り終了すると，「A の物質と B の物質とが反応して C という化合物ができる」という足し算的な「化合」に似た構造に，「化学変化」という現象を再構成し直して理解しているために起こった結果と考えられる．（☞学習順序を逆に記憶していた理由について述べている）また，併せて「分解」の実験よりも，「化合」の実験の方が光，熱，音などを発生し，印象深い実験が多いためであることが考えられる．

一方で，「化学変化」の学習を終えた約 4 ヶ月後にその内容がどれだけ定着しているのかを調べたが，「分解」→「化合」の順序で学習したグループと「化合」→「分解」の順序で学習したグループの両者の間には有意な差はみられなかった．これは，今回のテストは資料 3 からもわかるように，定期テストや高校入試のような一般的な評価問題で，「化学変化」の学習を終了した後に，強化補充される問題であったこと，また，「化合」や「分解」の概念的な理解を明確に評価するには十分ではなかったと考えられる．（☞有意な差がなかった理由について述べている）

さらに，「水の分解」と「水の生成」の 2 つの化学反応式を並べてわ

かりやすさを回答させた結果についても注目したい．（☜この部分に注目させて，以下に述べていくときの常套句）「水の分解」と「水の生成」の化学反応式では，両者の化学変化の意味は全く違うものだが，単純に形だけを見たならば左辺と右辺とが逆になっただけのものと考えることができる．しかし，生徒にとっては，「水の生成」（化合）の化学反応式の方が「水の分解」のそれに比べわかりやすいと回答している．このことは，化学反応式でも，「化合」の方が「分解」よりもわかりやすいと感じていることになる．この傾向は，小学6年の単元「酸素と二酸化炭素」，「水溶液の性質」で，水素や酸素について学習し，発展的に水素と酸素から水が生成されることを学んでいるからかもしれない．

　以上のことから，中学生にとって「化学変化」の学習順序は理解のしやすさや理解の構造上の点から，「化合」を先に学習していくことが効果的であると考える．（☜4.1 の考察から言えることをまとめている）

4.2　有効な「化学変化と原子，分子」の学習指導法

　本研究を行うきっかけとなった理由の1つに，一通りの「化学変化」の学習を終えた中学生から「いきなり今までに聞いたことがない炭酸水素ナトリウムという物質を熱する実験を行ったことには驚いた．」という言葉を投げかけられたことにあった．また，もう1つの理由として，「化合」と「分解」の順序が学習指導要領の改訂の度に入れ替わり，どちらを先に学習させることが中学生には効果的なのかを検証することにあった．（☜本研究を行うきっかけについて2つ述べている）

　藤島は，"教育の内容は，それぞれが無秩序に提示され，学習が強要されても成果は期待できない，と言われている．系統性を保持しながら，易から難へと順次性をもって教材が提示されることで，学習は容易になる[5]．"と述べている．（☜以下の本研究の結果を後押ししてもらうために文献を直接引用している）このことを本研究に当てはめれば，「分解」と「化合」とのどちらを先に学習したとしても，その内容は同等に保持されるが，「易から難へという順次性」を考慮した場合，生徒が易と感じている「化合」を先に学習し，次に難と感じている「分解」を学習する方が，学習が容易になると考えられる．なぜなら，本研究によって下位群〜上位群のほとんどの生徒たちが，「化合」の方が「分解」よりも理解しやすいと思っていることからも明らかである．しかも，成績が下位の生徒ほど「分解」よりも「化合」の方がわかりやすいと回答しているからである．（☜藤島[5] の文献を直接引用したことで，この事実の正当性が後押しされている）［後略］

　　　我々は，平成 10 年版や平成 20 年版の学習指導要領での炭酸水素ナトリ
　　ウム，水や酸化銀などの化合物の分解の実験をした後に「原子・分子」を
　　学習し，次に銅やマグネシウムの酸化，硫化鉄の化合の実験を行うという，
　　いわゆる「分解」→「化合」の順序で学習することを否定するものではな
　　い．むしろ，身近な水を水素と酸素に電気分解し，採取した水素を空気中
　　で燃やして水に戻すという 2 つの化学反応をまず行う．そして，化学反応
　　には，「分解」と「化合」の 2 通りがあることを生徒に「先行オーガナイ
　　ザー」として学習させる．そして，「原子・分子」の学習をした後，「化合」
　　→「分解」という順序で実験を交えながら学習を進めていく型の昭和 33 年
　　版学習指導要領に近い学習方法を提案したい．［後略］（☞**本研究の結果か
　　らどのような授業を行っていけばよいかについて提案している**）

4.6　「考察」の事例 2

　「石井俊行・八朝陸・伊東明彦（2016）：小学校理科に電圧概念を導入
することの効果〜電気学習の新たな試み〜，科学教育研究，日本科学教
育学会，40(2)，222-233.」の「考察」を抜粋し，以下に説明します．

　Ⅴ．考察
　1．児童に理解しやすい形での電圧概念の導入の工夫
　　　ポストテストの(2)②，④のような，教科書で必ず扱われる電池 2 個の直列
　　や並列つなぎ問題では，実験群と統制群の間に平均値の差はなかった．つま
　　り，今回の調査では，実験群の児童も統制群の児童も教科書に掲載されてい
　　る学習内容はよく記憶していることが分かった．（☞**教科書に掲載されている学
　　習内容では両群に差がないことを説明している**）しかし，児童は乾電池のつなぎ
　　方によって豆電球の明るさが変わることを理解していたのであろうか．（☞**問
　　題提起をしている**）
　　　統制群の児童の約半数は，図 6 に示したように，乾電池 3 個の並列つなぎ
　　では乾電池 2 個の並列つなぎよりも豆電球は明るくなるであろうと考えてい
　　た．そのため，乾電池 3 個の並列つなぎを，乾電池 1 個よりも豆電球を明る
　　くする乾電池 2 個の直列つなぎと等しいと推測したものと考えられる．すなわ
　　ち，統制群の児童の半数程度は，"直列つなぎでは乾電池を増やせば，豆電球

の明るさがどんどん明るくなるが，並列つなぎでは豆電球の明るさが変わらない"という科学的な規則性に気づいているわけではない．（☞**統制群の実情について説明している**）

　現在の小学校学習指導要領では，"乾電池の数を1個から2個に増やして豆電球を点灯させたり，モーターを回したりすると，その明るさや回転数が増す場合と，乾電池1個につないだときと変わらない場合があることなどから，電球の明るさやモーターの回り方の変化を電流の強さと関係づけながらとらえるようにする（文部科学省，2008b）"と記載され，電流の強さの大小で豆電球の明るさやモーターの回り方の変化を捉えさせている．（☞**学習指導要領での捉えさせ方について説明している**）しかし，電圧を学習していない児童は，豆電球の明るさやモーターの回り方が乾電池2個の並列つなぎの場合と乾電池1個の場合ではなぜ同じなのかについては知る由もない．したがって，それらが乾電池のつなぎ方の違いであることを暗記するしか術がない．（☞**電圧概念を教えないことの支障について述べている**）

　小学生に電圧概念を教えないのは，小学生に電圧概念を理解させることは困難だと考えられているからであろう．確かに，電圧概念は中学生にとっても困難であるという指摘もある（例えば，小林・伊東，2013）．しかし，電圧は様々な電気現象を理解する上で欠かすことができない重要な事項であることは間違いない．

　例えば，石井（2010）は中学生における実験技能と知識との関係に関する分析を基に，電気分野の理解において重要な鍵は電圧の理解にあることを示している．（☞**石井（2010）を間接引用し，電圧概念は重要であることを後押ししている**）

　そこで，本研究では，中学生にとって難しいとされている電圧概念ではあるが，教え方を工夫することによって小学4年の児童にも電圧のイメージを伝えられるのではないかと考えた．（☞**本研究における考え方について述べている**）教師が，電気の流れを水の流れに例えると電圧は水面の高さのようなものだと児童に強調し，乾電池の高さの変化によって，電圧の大きさをイメージさせることを試みた．すなわち，"乾電池の直列つなぎは，乾電池を縦に積み上げていくこと"，"乾電池の並列つなぎは，乾電池を横に並べて置くこと"，というイメージを児童にもたせることをねらった．

　その結果，実験群の児童は，電圧に関する20分間の特別授業を行っただけで，乾電池3個の直列つなぎと並列つなぎの問題に対して，授業直後のポストテストはもちろん，1ヶ月後，3ヶ月後のフォローアップテストにおいても非

常に高い正答率を示した.

　彼らが電圧概念を理解した上で高い正答率を示したのか，あるいは，単なる記憶なのかは定かではないが，本研究の結果は少なくとも児童に対して教師が電圧概念を教えても，児童がその考え方を受け入れることは困難ではなかったことを示していると考えられる.（☞児童には電圧概念の導入は困難ではなかった事実を述べている）

　教師が電圧は水流モデルでの高さ（落差）を意味することを児童に強調して，乾電池3個の直列，並列つなぎの実験を児童に取り組ませることで，"直列つなぎでは乾電池の数を増やすと電圧（高さ）が大きくなり，豆電球の明るさが明るくなる"や"並列つなぎでは乾電池の数を増やしても電圧（高さ）の大きさが変わらないため豆電球の明るさは変わらない"といった科学的規則性にも気づかせるような指導も可能なのではないだろうか.（☞電圧概念の導入は科学的規則性にも気づかせる効果があることを主張している）

2. 科学的な思考力の伸張

　「電流とはどのようなものだと思いますか」「かん電池のはたらきはどのようなものだと思いますか」といった自由記述の問いに対して，統制群は価値観的な回答が多いのに対し，実験群は科学的な回答が多い.このことは，回路を1つの水流モデルに例え，特に電圧を水を汲み上げるポンプの高さ（落差）に例えることにより，回路を科学的に意識づけることができたものと考えられる.したがって，"電圧とは電流を流そうとするはたらきの大きさ（高さ）である"ということを児童に意識させることで，電流が回路内を流れるしくみ等が理解でき，中学，高等学校への学習の布石になるものと考える.（☞工夫次第で児童も電圧概念を理解でき，高校まで活かせる教授法について述べている）

　また，電圧概念を導入した実験群では，「電圧とはどのようなものだと思いますか」の問いで，86.4%の児童が科学的な記述をしていた.1つの回路を水流モデルに例え，乾電池を水を汲み上げるポンプとし，それをもとに回路を考えていくことで，乾電池の役割が理解でき，科学的な解釈ができるようになったものと考える.このことにより，児童の電気学習に対しての興味・関心が高まり，つまずきや苦手意識の解消に有効にはたらくことを期待したい.（☞電圧概念導入は科学的な記述にも効果があることが期待できることを述べている）

　一方，学習に対する意欲について意識調査から比較しても差は認められなかった.このことは，小学4年の児童への電圧概念の導入は普段の授業内容と同程度のものとして受容できるものと言えよう.

以上より，小学校理科に電圧概念を導入することは，児童の科学的な考え方を育み，科学的な思考力の養成にも繋（つな）がるものと考える．（☞**この節の考察をまとめている**）

4.7　結果と考察を一緒にした「考察」の事例

　ここでは，「結果と考察」と1つの章にまとめて書く事例として，「石井俊行・荒川友希・伊東明彦（2020）：中学生の意識や理解を考慮した電気学習における水流モデルの検討〜非循環型と循環型を比較して〜，学校教育実践ジャーナル，日本学校教育実践学会，3，3-10．」の「結果と考察」を抜粋し，説明します．

5．結果と考察
　(1)　水流モデル導入の効果
　　　NP群とPN群におけるプレテストとポストテストの「電流・電圧テスト」における平均値を表1に示す．調査実施前のNP群とPN群における等質性を見るために，両群のプレテストの平均値（【1】【2】の合計点）について t 検定（両側検定）を行った．その結果，5%水準で両群の平均値に有意な差は認められなかった（$t = 0.92$，$df = 48$，n.s.）．このため，両群は等質とみなせる．（☞**両群の等質性について述べている**）［後略］
　(2)　回路図と水流モデルとの対応
　　　［中略］
　(3)　水流モデルの型とその支持する理由
　　　「回路図対応テスト」の(2)〜(6)では，生徒はどちらの水流モデルをより積極的に支持するかを尋ねた．表3は，直列回路【1】，並列回路【2】において，①「非循環型水流モデル」の方が考えやすい，②「循環型水流モデル」の方が考えやすい，③どちらともいえない，と回答した生徒数を生徒群ごとに集計した結果を示している．表3には3つの選択肢に差がないと仮定した場合の χ^2 値も併せて示した．
　　　表3より，直列・並列回路ともに，回路図を学習する際には，②の「循環型水流モデル」の方が①の「非循環型水流モデル」よりも考えやすいと感じている生徒が有意に多いことが分かる．ポンプのついている「循環型

水流モデル」の方が中学生にとってはポンプの役目を電池が担っていること
を類推しやすいのであろう．（☞表3から「循環型水流モデル」の方が考えや
すいと思う生徒が有意に多いこととその理由を述べている）

　支持した代表的な理由を集計して表4に示した．表4の「水の流れがわ
かりやすい」と回答した生徒が多いことが分かる．電池部分を含んだ回路
図を全体的に眺めたとき，ポンプ部分のある「循環型水流モデル」は理解
をしやすかったのだろう．また，エの「ポンプ＝電源がわかりやすい」は，
②の「循環型水流モデル」を支持した生徒のみに見られたのはある意味当
然と考えられる．ポンプによって水が高いところに汲み上げられることが乾
電池によって電位が高くなることに等しいことを理解した上での記述である
と言えよう．（☞表4のポンプ部分がある水流モデルの方が支持されやすい理
由について述べている）［中略］

　アの「回路図に似ていて電気の流れが分かりやすい」については，②を
支持する生徒が大部分ではあるが，①の「非循環型水流モデル」を支持す
る生徒もいる．これも，前述のウの「図が見やすい」と同様，下部にあっ
た水がポンプで上部に汲み上げられ，それらの水が抵抗部分で下部へ落下
して循環する一連の水の流れを電気の流れに例えるイメージに関しては既
にでき上がっているため，むしろ抵抗部分を流れ落ちていく水の様子に注
視させている点で，①の「非循環型水流モデル」の方が，アの「回路図に
似ていて電気の流れが分かりやすい」と回答したものと考えられる．また，
「(4)2つの抵抗部分を流れる電流の様子を考えやすいモデルはどちらか」で
も，直列・並列回路ともに②の「循環型水流モデル」が支持されている
ことが χ^2 検定からも明らかになった．本来なら，(4)の問いに対しては①②の
どちらでもよいはずである．しかし，下部にあった水がポンプによって上部
に持ち上げられ，その水が抵抗部分で落下する一連の流れを俯瞰して見る
ことのできる点で，②の「循環型水流モデル」が支持されたのではないだ
ろうか．［中略］

　同様に，「(6)電源の電圧の大きさを考えやすいモデルはどちらか」でも，
直列・並列回路ともに②の「循環型水流モデル」を支持する生徒数が有意
に多いことが χ^2 検定から明らかになった．（☞(4)と(6)の観点で支持されるモ
デルは循環型水流モデルであることを述べている）

　「循環型水流モデル」は，「非循環型水流モデル」に比べ，ポンプの部分
が付加されているため，特に直列回路では，各抵抗部分における落差の和
がポンプで汲み上げる水の高さに等しいことを容易に理解できる．すなわ

ち，各抵抗部分にかかる電圧の和が電源の電圧に等しいことを理解しやすい構造になっている．「循環型水流モデル」の支持が高かったのはこのような理由によるものと考えられる．（☜落差が電圧であることを理解しやすいモデルは循環型水流モデルであることをまとめている）

石井（2010）は，"電気分野の理解において重要な鍵は電圧の理解にある"と指摘している．「循環型水流モデル」は電圧を理解しやすいという点からも「非循環型水流モデル」より適しているのではないだろうか．また，石井・八朝・伊東（2016）は，小学4年生の電気単元の学習において，「循環型水流モデル」を用いて，電圧概念を導入することの効果について検証し，86.4 ％の児童が電圧について科学的な記述をし，乾電池は水を汲み上げるポンプの役割をするものと解釈ができるようになったことを明らかにしている．（☜有効な水流モデルを結論づけるために石井（2010），石井・八朝・伊東（2016）を間接引用している）

したがって，電流が回路内を流れるしくみを1つの水流モデルに例え，特に電圧は水を汲み上げるポンプの高さ（落差），すなわち，"乾電池は水を汲み上げるポンプのような役割をするもの"というイメージを生徒に形成できれば，電気回路に対する長期にわたる学習の定着が期待できよう．これらのイメージを持たせるうえで適した水流モデルの型を考慮するならば，「非循環型水流モデル」ではなく「循環型水流モデル」を用いるべきであると考えられる．（☜循環型水流モデルを用いるべき理由についてまとめている）

第5章 「結論（おわりに）」（Conclusion）

5.1 「結論（おわりに）」に書くこと

　この章では，あなたが言いたかった「結論」を述べる箇所です．あなたは，その「結論」を読者に受け入れていただくために，「方法」，「結果」，「考察」を頑張って執筆してきたのです．その「結論」をここでしっかりと述べましょう．「結果」や「考察」で，「ストーリー」をいろいろと考えてきたのはこのためです．

　私は，「おわりに」の部分を，少し詳しく長めに書く傾向にあります．「目的」を振り返り，「方法」や「結果」も加え，さらに何が明らかになり，どのようなことが言えるのかの「結論」も加えた，いわば「論文」の総括とも言えるように書いています．

　このような方法をとる理由は，学会の研究紀要などでは，「アブストラクト（要約）」が英文のことが多く，英文を読むことをあまり得意としない読者には，「おわりに」の部分を読んでいただくことで，「論文」の概要を理解していただけるのではないかと考えるからです．

5.2 「結論（おわりに）」の大まかな流れ

　以下に，「結論（おわりに）」の章の大まかな流れを示します．

　まず，①あなたが取り組んだ本研究の目的について言及します．
　「目的」の章に書いた文章を活かし，それを加筆修正すればすぐにこの箇所は完成できます．
　ここでの文言は，たとえば，
　「本研究の目的は，○○において，△△は□□することを明らかにすること（有効なのかを検証すること）にあった．」などとなります．

　次に，②本研究の結果（成果）とそのような結果（成果）が得られた理由等について言及します．

　「結果」の章や「考察」の章で書かれた文章は，いくつかの節に分かれています．その節の中から重要な文章を活かしながら要約して完成させていきます．

　ここでは，明らかになった結果（成果）を記すとともに，「考察」の章における，どうしてそのような結果（成果）が得られたのかに関する考察についても併せて記すことになります．

　ここでの文言は，たとえば，

　「その結果，◎◎は△△であった（認められた）．また，○○は▽▽であった（認められた）．それは○○（の理由）であると考えられる．（このことから，□□であるといえる．）」

　あるいは，

　「その結果，統制群では，△△であった．一方，実験群では，○○で有意な差があることが認められた（明らかになった）．それは○○（の理由）であると考えられる．（このことから，□□であるといえる．）」
などとなります．

　次に，③先行研究の成果（報告）と比較して，本研究での結果（成果）をアピールします．この部分は省くこともできます．しかし，先行研究では明らかにできなかったことが明らかにできたり，先行研究で言及されていた点などが克服できたりしたのでしたら，その先行研究を間接引用（あるいは直接引用）して，自身の結果（成果）に関して記すとよいでしょう．

　ここでの文言は，たとえば，

　「現在の○○では，★★はできない．これらを☆☆するためにも，◎◎を用いた▽▽は有効である．」

　あるいは，

　「☆☆は，○○について▽▽と言及（報告）している．☆☆の言及（報

告）での◎◎に◇◇を適用した本研究は，□□の一例として挙げられよう．」などとなります．

　次に，④結論の「一言」を述べます．

　あなたはこの「一言」を述べるために，苦労して「論文」を書いてきたはずです．ここでしっかりと結論の「一言」を述べましょう．

　ここでの文言は，たとえば，

　「以上のことから，☆☆において，▽▽することは，◎◎できるために有効である．」などとなります．

　最後に，⑤本研究の限界や今後の課題について言及します．

　特に，思いのほかよい結果（成果）が得られたのでしたら，今後の課題についてはあまり触れたくはないものです．しかし，あなたの研究を冷静に省みて，今後の課題について触れておくことは，あなた自身への反省にもなり，後続の研究を進めていく際の突破口にもなり得ます．

　ここでの文言は，たとえば，

　「最後に，本研究の課題について述べる．本研究では，▽▽としたが，○○を踏まえれば△△とすべきであり，検討の余地がある．併せて◎◎も限られており，□□していく必要がある．」などとなります．

　繰り返しますが，「論文」は，先行研究よりも少しでも進展させて，得られた結果（成果）を報告するものです．研究は尽きることがなく，進展させていけば何らかの課題は必ず残るものです．教育の「論文」であれば，被験者数の少なさや地域の影響など，その結果（成果）の一般化にはさらなる調査研究が必要になります．

　「結論（おわりに）」の章では，結果（成果）とともに，今後の課題についてもうまくまとめていきましょう．

5.3 「結論（おわりに）」の事例1

「石井俊行・岡本智子・柿沼宏充（2020）：小学4年『ものの温度と体積』に粒子モデルを導入することの効果〜電子レンジで粒の動きと温度の関係に着目させて〜，科学教育研究，日本科学教育学会，44(3)，168-179.」の「おわりに（結論）」を抜粋し，以下に説明します．

V．おわりに

　本研究の目的は，小学4年の「ものの温度と体積」の単元において，「発泡スチロール球による指導」と「電子レンジによる指導」の導入は，児童に熱膨張を粒の熱運動で捉えさせることに有効なのかを検証することにあった．（☜**目的について再度振り返っている**）その結果，通常の授業を受けた児童（統制群）は，「水」「空気」「金属」の学習を終えても誤概念から脱却できず，依然として誤概念をもち続けたままであった．（☜**従来の指導での現状について本研究の結果から述べている**）

　一方，「発泡スチロール球による指導」と「電子レンジによる指導」を導入した実験群の児童は，「水」の実験後には8割以上が「水」の熱膨張を粒の熱運動で捉えることができた．また，この捉え方は次時の「空気」「金属」の予想の段階でも転移し，実験後やテストでも8割以上の児童が「空気」「金属」の熱膨張を粒の熱運動で捉え，テストにおける「水」「空気」「金属」の問②のすべてで有意な差があることが認められた．（☜**本指導法の有効性について本研究の結果から述べている**）

　菊地ら（2018：46）は，粒子モデルの①〜⑦の7要素の中の「⑥粒は熱運動している．」は，物質を理解する上で大変重要な要素で，熱運動を扱うことで解釈できる事項が大きく広がると言及している．（☜**菊地ら（2018）を間接引用することで，「⑥粒は熱運動している」ことを扱うことの重要性が後押しされている**）小学4年の「ものの温度と体積」の単元に，「⑥粒は熱運動している．」を適用した本研究は，物質の性質の解釈を広げることの可能な指導の一例として挙げられよう．（☜**「⑥粒は熱運動している」の指導の成功事例として本研究の成果をアピールしている**）

　以上のことから，小学4年の「ものの温度と体積」の単元において，「発泡スチロール球による指導」と「電子レンジによる指導」の導入は，多くの児童に熱膨張を粒の熱運動で捉えさせられるため有効である．（☜**本指導法の有効**

性についてまとめている）

　最後に本研究の課題について述べる．本研究は，「電子レンジによる指導」を行う都合上，電子レンジでの温めが可能な液体の「水」から学習を始め，気体の「空気」，固体の「金属」の順と進めた．状態変化の順序を踏まえれば，固体・液体・気体の順，あるいは気体・液体・固体の順で学習するのが自然で，検討の余地がある．併せて，電子レンジで温めることができるものは限られており，気体や固体（金属は絶対に温めてはならない）も，液体の「水」と同様の仕組みで温まるといった誤解を児童に抱かせないように指導していく必要がある．［後略］（☞ **今後の課題について述べている**）

5.4　「結論（おわりに）」の事例 2

　「石井俊行・橋本美彦（1995）：化学反応式を書く能力向上に関する研究～化学反応式の完成を阻害する要因の究明～，日本理科教育学会研究紀要，36(1)，7-16.」の「おわりに」を抜粋し，以下に説明します．

4．おわりに

　化学反応式は，基礎にある化学式やモデル図をもとに，原子の数が化学変化の前後では変わらない普遍的な法則の上に成り立っている．（☞ **文頭を普遍的な法則から述べている**）

　本研究によって，生徒が化学反応式を正しく完成させるためには，その基礎として物質を化学式で表す能力の習得が不可欠であることがわかった．また，物質をモデル図で表す能力の習得は，物質を構成する分子内の原子の結合をイメージさせるために大変重要であることがわかった．さらに，すぐに複雑な化学反応式が書けるのではない．まず物質を化学式やモデル図で表すことを習得させた後にモデル図を用いて化学反応を表す指導を行うことは，化学反応に関与する分子内の結合が切れ，他の原子と結合して新しい化合物が形成する過程を視覚的にとらえさせることができるために有効であろう．そして，最後に化学式によって化学反応を表す能力が身につくと考えられる．（☞ **本研究での知見を 3 つにまとめている**）また，個人追跡の結果，物質を化学式やモデル図で表す能力がありながら，化学反応式を化学式やモデル図を使って表せない生徒が多いことがわかった．それは化学反応に関与する物質の分子内

の結合が切れて新たな結合ができたことを表す際に，原子の数や係数を合わせようとして化学式やモデル図を物質として存在しえないものにつくり変えてしまうためである．(☞**特筆すべき知見について述べている**) このことから，次の(1)～(4)の手順で指導すれば，生徒は化学変化を化学反応式で表す方法がより正確に理解できると思われる．

(1) 物質を表す化学式を正確に覚えさせる．

(2) 物質を構成する分子内の原子の結合の様子をイメージさせる．

(3) 化学反応に関与する物質の分子内の結合の切れや他の原子と結合して新たな化合物を形成する過程をモデルでとらえさせる．

(4) 化学反応に関与する物質の分子構造をモデルでイメージした通りに化学式で表現させる．(☞**本研究の知見から，指導の要点について4つまとめている**)

生徒は化学式を使って，化学反応式を書くことだけに執着する傾向があるが，教師はモデルを使って物質を表すことの重要性と化学反応ではどの原子も出現も消滅もしないことを確認することで，はじめて正しい化学反応式を書くことができることを生徒に十分理解させる必要がある．(☞**指導上での基本的重要事項について述べている**)[中略]

この考えをもとに，我々は化学反応式を正しく完成させるための指導の手だてとして，次の(1)，(2)のような授業方法を検討中である．

(1) 原子模型[8]を生徒一人ひとりに与え，生徒に身近な物質を，原子模型を使って作らせる．

(2) (1)のことを通して，生徒に化学反応に関与する物質の分子内の結合の切れや他の原子と結合し新たな化合物を形成する過程をモデルとしてとらえさせる．

この指導の具体的な方法やその有効性の検証については次回の報告としたい．(☞**原子模型による指導の報告の予告もしている**)

5.5 「結論（おわりに）」の事例3

「石井俊行・八朝陸・伊東明彦（2016）：小学校理科に電圧概念を導入することの効果～電気学習の新たな試み～，科学教育研究，日本科学教育学会，40(2)，222-233.」の「おわりに」を抜粋し，以下に説明します．

Ｖ．おわりに

　本研究は，小学４年生の電気単元の学習において，水流モデルを用いて，電圧概念を導入することによって，児童の電気分野に関する理解がどのように影響されるのかを明らかにし，小学校の理科の学習に電圧概念を導入することの効果を検証することを目的に行った．（☞**目的について再度振り返っている**）

　特に，本研究では，教師が，児童に電気の流れを水の流れに例えると電圧は水面の高さのようなものだと強調し，そのイメージをもたせるために，"乾電池の直列つなぎは，乾電池を縦に積み上げていくこと"，"乾電池の並列つなぎは，乾電池を横に並べて置くこと"，という指導を行った．（☞**本研究で行った指導法について確認の意味で再度述べている**）

　その結果，電圧概念を導入した授業を行うことによって，実験群の平均値はポストテスト，１ケ月後，３ケ月後のフォローアップテストにおいても統制群に比べ有意に高く，長期にわたる学習の定着が認められた．このような指導の工夫により，小学生にも電圧概念をある程度理解させることができるものと考える．

　また，電流や乾電池のはたらきについての自由記述の問いに対して，実験群は統制群に比べ，科学的な回答が多いことが明らかとなった．（☞**本研究の成果についてまとめている**）

　現在の小学校学習指導要領では，電流概念のみで電圧概念は扱わないとしている．このため，豆電球は乾電池の直列つなぎでは明るくなり，乾電池の並列つなぎでは明るさは変わらないことについて説明することはできない．これらを児童にうまく理解させるためにも水流モデルを用いて，電圧概念を導入することは有効であろう．（☞**電圧概念の導入の有効性について述べている**）

　今後の課題として，児童が理解しやすい教材の開発などを通して，児童への電圧概念の導入の仕方をさらに工夫し，科学的な思考力をどのように伸ばすことができるのかについて研究していく必要がある．（☞**最後に今後の課題について述べている**）

　以上のように，「おわりに」では，「目的」，「方法」を振り返り，「結果」，「考察」，「結論」，さらには「今後の課題」までも述べることによって，読者に研究で明らかになったことを理解してもらえると思います．

第6章 「はじめに（序論）」(Introduction)

6.1 「はじめに（序論）」に書くこと

「方法」，「結果」，「考察」，「結論（おわりに）」を書き終えたら，いよいよ「はじめに（序論）」に取りかかることになります．「論文」としての「ストーリー」はでき上がっていますので，その「ストーリー」にうまく合致するように書いていくことになります．

では，「はじめに（序論）」の部分では，どのようなことを書けばよいのでしょうか．

「はじめに（序論）」では，「先行研究」で「何が明らかにされていて」，「何が未解決なのか」を読者にわかるように述べる必要があります．そのことで，あなたが書こうとしている「論文」の「立ち位置」がはっきりします．

また，あなたの「論文」が「学術的にどのような意味あいがあるのか」，「その問題をなぜ解明しなければならないのか」，「本研究を行う意義（意味）は何なのか」，「あなたがその問題にこだわった理由」，「その問題の解決のための独創的なアプローチ」などをしっかりと書きましょう．

さらに，「その問題を解明することで，どのような未来（世界）が開かれるのか」があれば，さらに書き加えてもよいでしょう．

6.2 「はじめに（序論）」の重要性

「はじめに（序論）」を読んで，読者は「読む価値がある『論文』か否か」を瞬時に判断します．世の中には多くの「論文」が存在します．

しかし，その中からあなたの「論文」を読んで，「面白い！」「私も実践してみたい！」と高く評価してもらえたら，あなたは筆者としてこの上な

く嬉しいはずです．あなたはこういった読者のために，忙しい中，「論文」を書いてきた意味があったのだと実感できるはずです．そのためにも，「はじめに（序論）」をしっかりと書いていきましょう．

6.3 「はじめに（序論）」での先行研究の整理

「はじめに（序論）」では，「先行研究（文献）」の整理が必要です．似たような「先行研究」がなければ，フロントランナー（最前線で研究を行っている研究者）として，「論文」を発表できるチャンスがあります．

一般には，似たような「先行研究」があるものです．たとえ似ていたとしても落ち込まず，どの部分がその「先行研究」とは違うのかをしっかりと見極めて，そのことについて述べていくことです．あなたの研究テーマの核心にせまれるように，「先行研究」を整理しながら紹介していきましょう．

初学者の頃の私は，「先行研究」について紹介はしているものの，「先行研究」の羅列のみで，よく整理されていないことがありました．初心者は，陥りやすいので注意しましょう．

6.4 「はじめに（序論）」の大まかな流れ

以下に，「はじめに（序論）」の章の大まかな流れを示します．

まず，①大まかな課題について言及します．

あなたがこだわりたい「核心の課題（問い）」に迫る前に，まずは外堀の大まかな課題から埋めていきます．

ここでの文言は，たとえば，

「○○によると，□□という点で，△△が問題になっている（状況にある）．」などとなります．

次に，②大まかな課題に関わる学問的背景について言及します．

ここでは大まかな課題に関わる先行研究を多面的な視点で直接引用，間

接引用，あるいは文献を提示しながら，学問的な背景に関して述べていくことになります．すなわち，いろいろな角度（視点）で，先行研究を整理していきます．

ここでの文言は，たとえば，

「◎◎（の視点）としては，○○や△△の報告から，□□が明らかにされている．」

「一方で，☆☆（の視点）としては，▽▽や◎◎の報告があり，□□□が明らかにされている．」

「他方で，★★（の視点）としては△△△や☆☆の報告があり，□□□□が明らかにされている．」などとなります．

次に，③その課題から，自分が焦点を当てたい「核心の課題（問い）」を取り上げ，そのことが「先行研究」でも解決できていない現状について言及します．

ここでは「核心の課題（問い）」に焦点を当て，その「核心の課題（問い）」を解決する必要があることについて述べていくことになります．

ここでの文言は，たとえば，

「しかし，◇◇については未だに解決されて（明らかにされて）おらず，⊿⊿という現状にあり，◆◆を解決する（明らかにする）必要がある．」などとなります．

また，さらに④その「核心の課題（問い）」を解決することの意義（意味）などについて言及することもあります．

ここでは，「核心の課題（問い）」を解決することがなぜ必要なのか，あるいは「核心の課題（問い）」を解決する意義は何なのかについて具体的に述べます．さらに，その「核心の課題（問い）」を解決することでどのような未来が待っているのか等について述べてもよいでしょう．

ここでの文言は，たとえば，

「◎◎の問題を解決する（明らかにする）ことで，▽▽の状態（状況）

がなくなり，▲▲が改善されると考える．」と述べることになります．
　また，これに加えてさらに，
　「なぜ◎◎は，（▽▽という点で）□□なのであろうか．◎◎は▽▽とどのように関連があるのかについて検証することは意義深いことだと考える．」などとなります．

　この後に，
　『そこで』，（☞接続詞としてのキーワード）を入れます．

　最後に，⑤その「核心の課題（問い）」をどのような手法で解決するのかについて言及します．
　ここでの文言は，たとえば，
　「▽▽について☆☆で（という手法を取り入れて）◆◆を明らかにしたいと考えた．」などとなります．

　このように，キーワードの，『そこで』の前の部分では，「『核心の課題（問い）』が未解決で，その『核心の課題（問い）』を解決することの意義」等について言及し，『そこで』の後の部分では，「『核心の課題（問い）』をどのような手法で解決していくのか」等について言及することになります．「そこで」の前・後の文脈をうまく捉え，読者にわかってもらえるように的確に述べていきましょう．

　一方，どのような知見が得られたのかを既にあなたは知っているにもかかわらず，「その問題を解決することが喫緊の課題だ．」などと，さも結果がわかっていないかのように書くことになります．さらに，結果を自分は知っているのにもかかわらず，「○○の課題を解決することが必要で，□□の手法を用いて明らかにしたいと考えた．」などと述べることになります．
　これらの書きぶりは，最初のうちは不思議に思え，違和感をもたれる方もおられるかもしれません．私は大学院時代，違和感をもったことを覚え

ています.

　このことを学校現場での授業に置き替えるならば，先生はその課題の解決の方法や答えについて，よく知っているにもかかわらず，子ども達には知らないふりをしながら，子ども達と一緒に課題を解決していく姿勢に似ているかもしれません.

　他方，学生から，「どこまで掘り下げて論文を書けばよいのですか」，という質問をよく受けます．専門用語が難し過ぎる場合には，本文に「注」を設け，そこで説明することで読者に確認しておくことができます．読者層を考えて「注」を設けていきましょう．「注」については，第10章で詳しく説明します.

　以上のように「はじめに（序論）」には，多くのことを詰め込まなくてはならず，「『はじめに（序論）』が『論文』を書く上で一番難しい箇所だ」とよく言われます.

　特に，「結論」が変わったり，「考察」の中身が最初に想定したことと異なったりすれば，連動して「先行研究（文献）」や「ストーリー」も変わってきますので，当然「はじめに（序論）」を変えなくてはなりません．このため，「はじめに（序論）」は，「論文」を執筆する際に，「最後に書く箇所」となります.

　本書では，「はじめに（序論）」の箇所は，最後に見直しをして修正する必要がどうしても生じるため，書き上げる順序に従い，「はじめに（序論）」の説明を最後の方にもってきました.

　「はじめに（序論）」が「目的」と「結論（おわりに）」に整合するように何度も見直しましょう.

6.5　本文中での「文献」の表記

　以下に，「先行研究（文献）」を，本文中でどのように表記すればよいのかについて説明します.

　本文中での「文献」の表記の仕方としては，著者が 1 人，2 人の場合は，「著者の姓＋数字の上付き文字」，あるいは「著者の姓＋（発行西暦年）」の形で記します．例えば，「石井・橋本[1] は，……．」，あるいは「石井・橋本（2011）は，……．」というように記します．

　筆者が 3 人以上の場合は，筆者が 3 人までならば，「石井・岡本・柿沼[1] は，……．」，あるいは「石井・岡本・柿沼（2020）は，……．」という表記も可能です．しかし，一般には「石井ら[1] は，……．」，「石井ら（2020）は，……．」，というように，「主著者の姓＋ら」などと記し，主著者以外の方々を省略します．表記が煩雑になることを防ぐためです．

　欧文の場合も，同様に「（ラストネーム）et al.」などと記します．これは "エタル" と呼び，"他" という意味です．

　一方，「著者の姓＋（発行西暦年）」の表記法では，著者と発行西暦年が同一になってしまう「文献」も実在しますので，この場合には「文部科学省（2018a）」，「文部科学省（2018b）」というように，発行西暦年の後にアルファベットの a，b，c，…等を付けて区別します．

　文末の「文献リスト」もこれに対応させて，「文部科学省（2018a）：小学校学習指導要領（平成 29 年告示）解説　理科編，東洋館．」「文部科学省（2018b）：中学校学習指導要領（平成 29 年告示）解説　理科編，学校図書．」のように，発行西暦年の後にアルファベットの a，b，c，…等をつけて記します．

　以下に，「著者の姓＋数字の上付き文字」と「著者の姓＋（発行西暦年）」のそれぞれの表記法について詳しく説明します．

6.5.1　「著者の姓＋数字の上付き文字」の表記法

　「著者の姓＋数字の上付き文字」の表記法では，本文中と「文献リスト」の表記を，以下のように記します．

① 本文中に「文献」が引用される度に，著者の氏名の右肩にワードの ［フォント］機能の［上付き］の設定で，通し番号の数字と半括弧の 上付き文字で記します．

② 本文中に①の「文献」が引用される順序にしたがって，「文献リス ト」に記します．

例えば，本文中に「石井・荒川・伊東 [1] は……．」「石井・橋本 [2] は……．」 「石井・橋本 [3] は……．」と，この順序で引用したとします．

この場合，「文献リスト」には，これと連動して，

1) 石井俊行・荒川友希・伊東明彦：中学生の意識や理解を考慮した電 気学習における水流モデルの検討〜非循環型と循環型を比較して〜， 学校教育実践ジャーナル，日本学校教育実践学会，3，3-10，2020.

2) 石井俊行・橋本美彦：凸レンズを通過した光が作る像の理解に関 する基礎的研究〜作図を完成する能力の影響について〜，理科教育 学研究，日本理科教育学会，41(3)，41-48，2001.

3) 前掲2) と同じ

と記します．

ここでの3) の「文献」は，2) の「文献」を再度引用しているため， すべての内容を記載する必要はなく，「3) 前掲2) と同じ」などと略して 記します．

この表記法の長所としては，引用する「文献」のチェックが1つずつ できることです．短所としては，同一の「文献」を再度，再々度引用する と，その表記の内容は「3) 前掲2) と同じ」などと略せるものの，「文献 リスト」における「文献」の表記数が，その都度増えていきます．また， 加除修正で新たに「文献」を本文中に引用したり，削除したりすると， 「文献リスト」の番号がずれて，修正が面倒になります．

6.5.2 「著者（発行西暦年）」の表記法

「著者の姓＋（発行西暦年）」の表記法では，本文中と「文献リスト」の表記を以下のようにします．

① 本文中に「文献」を引用する度に，「著者（発行西暦年）」で記します．

② 「文献リスト」には，①で引用した「文献」の筆者を「アルファベット順」あるいは「あいうえお順」で並べ替えます．一般には，欧文の「文献」を入れることが多いので，「アルファベット順」にします．

例えば，前項6.5.1と同じ「文献」を本文中に「石井・荒川・伊東（2020）は……．」「石井・橋本（2001）は……．」「石井・橋本（2001）は……．」と，引用したとします．

この場合，「文献リスト」には，これと連動して，

石井俊行・荒川友希・伊東明彦（2020）：中学生の意識や理解を考慮した電気学習における水流モデルの検討〜非循環型と循環型を比較して〜，学校教育実践ジャーナル，日本学校教育実践学会，3，3-10.

石井俊行・橋本美彦（2001）：凸レンズを通過した光が作る像の理解に関する基礎的研究〜作図を完成する能力の影響について〜，理科教育学研究，日本理科教育学会，41(3)，41-48.

と表記します．

この表記法の長所としては，同一の「文献」を再度，再々度引用しても，「文献リスト」には「文献」を1つのみ表記しておけばよく，「文献リスト」のスペースが少なくて済むことです．短所としては，「文献」の筆者を「アルファベット順」で並べ替える必要があるため，手間がかかります．

　本文中における具体的表記について，「石井俊行・岡本智子・柿沼宏充（2020）：小学 4 年『ものの温度と体積』に粒子モデルを導入することの効果〜電子レンジで粒の動きと温度の関係に着目させて〜，科学教育研究，44(3)，168-179.」の「はじめに」の一部を抜粋して説明します．ここでは，すべてに「（石井・岡本・柿沼，2020）」をつけるべきところですが，標記の仕方がわかりづらくなりますので，これを割愛させていただきます．

例 1）　著者を主語にする際の表記の事例

> 　石井ら（2019）は，温度が粒子の運動の激しさの度合いであることに注目し，発泡スチロール球をスターラーに載せ，回転速度を上げることで球の動きが激しくなり体積が大きくなる現象を児童に観察させている．（☜著者を主語にし，文献の内容を後に説明していく際の表記法で，「著者（発行西暦年)」で示す）

例 2）　著者を文末にもってくる際の表記の事例

> 　また，「金属，水，空気」においても，「これらの活動を通して，金属，水及び空気の性質について，既習の内容や生活経験を基に，根拠のある予想や仮説を発想し，表現するとともに，[以下省略]」と「表現」という記載がある（文部科学省，2018a：49）．（☜内容を先に説明し，文末に文献の著者をもってくる際の表記法で，「(著者，発行西暦年：記載の頁)」で示す．記載の頁を記さないこともあるが，頁を記すことで出典先の頁がわかる．2018 に a が付くのは次の例 3 で説明）

例 3）　著者と発行西暦年が同一となる文献がある際の表記の事例
　　　　「文献」を上記に，「文献リスト」を下記に記します．

> 　菊地ら（2014b）も同様に，4 年の「水と水蒸気」で粒子モデルを導入し，5 年の「もののとけ方」で活用する授業実践を行い，溶解による質量保存，及び溶質の均一性の問題の理解が高まったことを報告している．[中略] 菊地ら

(2014a) は，菊地ら（2018）の粒子モデルの7つの要素のうちの，「①物質は
すべて目に見えない小さな粒からできている．⑤粒の大きさは変わらない．」の
みを前提条件として児童に与え，物質の三態について粒子モデルを用いて理解
させるための「つぶつぶシート」を独自に開発し，その効果の高さを報告してい
る．（☞菊地洋一らは，2014年に2本の論文を発表しているので，区別するため
に菊地ら（2014a）や菊地ら（2014b）と，発表西暦年後に，a，bのアルファベッ
トを書き添える）

［文献リスト］

菊地洋一・高室敬・尾崎尚子・本宮勇希・近藤尚樹・村上祐（2014a）：小学校
　の物質学習を通して粒子概念を有効に活用するための新規学習シート「つぶ
　つぶシート」の提案，岩手大学教育学部附属教育実践総合センター研究紀要，
　13，33-43.

菊地洋一・高室敬・尾崎尚子・黄川田泰幸・村上祐（2014b）：小学校における
　系統的物質学習の実践的研究〜粒子概念を「状態変化」で導入し「溶解」で
　活用する授業〜，理科教育学研究，日本理科教育学会，54(3)，335-346

（☞「文献リスト」にも，区別するために発表西暦年後に，a，bのアルファベット
を書き添える）

6.6　本文中での「文献」の引用

本節では，前項の「著者の姓＋（発行西暦年）」の表記法を使って，本
文中での「文献」の引用の方法について説明します．

自分の「論文」の中に，他人が書いた「論文」や「書籍」などを「文
献」として引用したいとき（たとえ自分が書いた文章でも，そのことを第
三者のように引用した事実を記さないと盗用の1つである「自己剽窃」
となりますので注意が必要です），著者の原文をそのまま引用する「直接
引用」と，筆者の原文の内容をあなた自身の言葉で要約して引用する「間
接引用」があります．

「直接引用」では，引用した文章をカギ括弧「　」の中に入れて囲み，どこからどこまでが引用した文章なのかを判別しやすくします．その際に，一般には文末の句点のみ省略することが多いです．

他の方法としては，引用した文章を本文から前後に1行空け，本文よりも4，5文字下げて記し，引用した文章を判別しやすくします．

また，詩に限らず文字数の割に改行の多い場合などは，原文のままだと行数が取られてしまいますので，記号のスラッシュ「/」を文章中に挿入し，あなた自身の都合により改行したことを知らせます．

引用文が長いときは，記号としての［中略］を本文の途中に挿入し，途中の文章を省略したことを知らせたり，［後略］を記して後の文章を省略したことを知らせたりします．引用文中の特定の文字に注目してほしいときは，特定の文字の上に傍点をつけて示します．例えば，「ストーリーを考えることが重要である．」のように表記します．

「間接引用」では，関連する「論文」の内容について読者に紹介して触れておきたいときに，筆者の「論文」全体，あるいは一部分をあなた自身の言葉で要約して記します．

「直接引用」あるいは「間接引用」のように，「文献」の中身まで触れる必要はないものの，本研究に関わる「文献」として本文中に「文献」を提示しておきたい場合があります．このようなときは，括弧（　）の中に筆者，発行西暦年；筆者，発行西暦年；…の形で数件，年代順に記します．ここでの「文献」はすべて同格ですので，セミコロン「；」で各々の「論文」を区分けして記します．例としては，（たとえば，丹沢ら，2001；大野ら，2000；寺田ら，1995）のように記します．

なお，「文献」の表記に関しては，第9章の「文献」で詳しく述べます．

本文中における「直接引用」，「間接引用」，「文献提示」の具体的表記の仕方について，「石井俊行・岡本智子・柿沼宏充（2020）：小学4年『も

のの温度と体積』に粒子モデルを導入することの効果〜電子レンジで粒の動きと温度の関係に着目させて〜，科学教育研究，日本科学教育学会，44(3)，168-179.」の「はじめに」を抜粋し，以下に説明します．

Ⅰ．はじめに

［前略］

　小学校段階での粒子モデルの導入の是非について言及している報告として，菊地ら（2014b：336）は，「小学校段階に粒子概念を導入するかどうか，導入するとすればどこでどのように扱うか等は，今後さらに盛んな研究が期待される．」と言及し，（☞菊地ら（2014b）の報告から本研究に必要な部分を直接引用するとともに，菊地（2014b）のように発行西暦年に「b」をつけて菊地ら（2014a）と区別している）宗近（2000：13）も，「小学校中・高学年を通して，50％以上の子ども達が粒子をイメージしている．粒子概念形成の教授法の一つとして，小学校での粒子的イメージの導入の可能性は検討されてもよいであろう．」と言及している．（☞宗近（2000）の報告から本研究に必要な部分を直接引用している）村上（2010：84）も，「物質学習の面ではマクロな科学現象を小さな粒で考える学習を通して，小学生の段階から小さな粒により，どうしてそうなるのかと考えさせ，理解させることが必要である．」と強調している．（☞村上（2010）の報告の中から本研究に必要な部分を直接引用している）

　粒子モデルの先行研究には，粒子モデルについて本格的に学習する中学生以上を対象とした報告も多いが（例えば，丹沢ら，2001；大野ら，2000；寺田ら，1995），（☞丹沢ら（2001），大野ら（2000），寺田ら（1995）の報告の中身までは触れないが，「文献」を提示し，これらの「文献」も調査済みであることを示している）本研究は児童を対象とした粒子モデルの導入に関する研究を行うため，小学校段階における粒子モデルに関する取組の報告のみを以下に整理する．

　溶解の現象に関して，宗近（2002）は小学5年を対象に粒子モデルを導入することで，視覚的に捉えられない溶解の現象のモデル化が容易になることを報告し，（☞宗近（2002）の報告を間接引用している）宗近（2000）は，小学3年から中学3年までを対象に，溶解に対してどのような認識をもつのかを調査し，溶解学習では溶液の透明性を強調することが重要であることを指摘している．（☞宗近（2000）の報告を間接引用している）［後略］

6.7 「はじめに（序論）」の事例1

　石井俊行・橋本美彦（2011）：「分解と化合における子どものわかりやすさからみた学習の順序性とその指導法に関する提言，理科教育学研究，日本科学教育学会，51(3), 25-32.」の「はじめに」を抜粋し，ここでは，「はじめに」の中に「目的」まで述べてしまう書き方について以下に説明します．

1．はじめに

［前略］

　中学校学習指導要領は，昭和22年版の試案から始まり，昭和33年版，44年版，52年版，平成元年版，平成10年版，平成20年版と6度改訂された．

　化学分野における大単元の「化学変化と原子・分子」に注目してみると，この学習は，「分解」，「化合」，「原子・分子」の3項目に大きく分けることができる．これら3項目を学習する順序について学習指導要領の変遷から見てみると，昭和33年版や昭和44年版のような「分解」の学習の次に「化合」の学習をし，その後に「原子・分子」の学習をするという型，または，昭和52年版や平成元年版のような「化合」の学習の次に「分解」の学習をし，その後に「原子・分子」の学習をするという型，あるいは，平成10年版や平成20年版のような「分解」の次に「原子・分子」を学習し，その後に「化合」の学習をするという型の3つに大きく分けることができる．（☞過去の学習指導要領における「分解」と「化合」の扱われ方について説明している）

　「原子・分子」の学習は，「分解」と「化合」の学習の前後に行われるが，本研究では「分解」の学習と「化合」の学習の順序性について特に注目したい．（☞注目させたい内容を以下に述べたいために用いている）この両者の順序が各学習指導要領によっていろいろと変化をしている．具体的に記述してみると，昭和52年版や平成元年版のそれでは，銅やマグネシウムの酸化，硫化鉄等の化合の実験を行った後，水の分解，炭酸水素ナトリウムの分解の実験を行うという，いわゆる「化合」→「分解」という順序で学習をしていた．一方で，平成10年版，平成20年版のそれでは，炭酸水素ナトリウム，酸化銀や水などの化合物の分解の実験をした後に「原子・分子」を学習し，次に銅やマグネシウムの酸化，硫化鉄の化合の実験を行うという，いわゆる「分解」→「化合」の順序で学習することになっている．平成20年版と平成10年版

のそれがなぜ「分解」→「化合」の順序になっているかというと，平成 20 年版は，平成 10 年版のねらいを踏襲し，"物質を分解する実験を行い，分解して生成した物質から元の物質の成分が推定できることを見いだすこと[1]"というねらいを達成するためにある．このように，「分解」と「化合」の順序は各時期における学習指導要領のねらいによっていろいろと推移している．（☞学習指導要領の改訂により「化合」と「分解」の順序が変化している事実について触れている）

　ものを燃やしたりするような単純な化学変化の実験しか触れたことのない中学 2 年生にとって，「分解」の学習と「化合」の学習とではどちらを先に学ばせる方が学習内容を理解しやすいのであろうか．（☞「分解」と「化合」の学習の順序の違いにより，理解に違いがあるのかについて問題提起をしている）「分解」の学習と「化合」の学習を行う順序性は生徒の学びやすさや学習内容の定着とどう関連があるのかについて検証をすることは意義深いことだと考える．（☞本研究の意義について述べている）

　化学反応に関連した研究に，石井・橋本[2]による中学生が化学反応式を書く際に起こすつまずきの要因とその指導方法に関する報告や今井・濱中[3]による化学反応式の指導方法の見直しの必要性に関する報告があるが，これらは，「分解」の学習と「化合」の学習を行う順序の違いが中学生の化学変化や化学反応式の理解にどのような影響を及ぼすのかについてはふれられてはいない．（☞先行研究では明らかにされていないことを述べている）

　そこで，（☞キーワード；この後に，本研究で取り組む課題について述べることになる）本研究では，「分解」と「化合」の学習内容を理解している中学生を対象に，「分解」の学習と「化合」の学習のうち，どちらを先に学ばせる方が生徒は学びやすいのか，また，それらの学習内容の理解と定着にどう関連があるのかを検証することを目的に，「分解」→「化合」の順で学習したグループと「化合」→「分解」の順で学習したグループの両者を比較分析した．（☞「はじめに」の中に「目的」まで述べてしまう書き方にしている）その結果，いくらかの知見が得られたので報告する．

6.8 「はじめに（序論）」の事例 2

　「石井俊行・橋本美彦（2013）：教科間における学習の転移を促す条件に関する考察とその提言〜理科『光の反射』と数学『最短距離』の作図

を通して〜，科学教育研究，日本科学教育学会，37(4)，283-294.」の「はじめに」を抜粋し，以下に説明します．

I．はじめに

　理科と数学の内容は相互依存の関係にあり，自然の事象を対象とした理科の学習を数学の学習と関連させながら進めていくことは，生徒の科学に対する理解を深めるためにもとても重要である．（☞ **文頭を大まかな理科と数学の関係について述べている**）

　理科と数学との関連についての研究に木村・島田（1982），森本・関・島田（1982），［中略］の報告がある．木村・島田は，現場の小中学校の教師は理科と数学との関連がさらに密となるようなカリキュラムの再編成を行うべきであるという意識が高かったことを報告している．［後略］（☞ **木村・島田（1982）を間接引用し，理科と数学の関連した先行研究について述べている**）

　理科教育における文脈依存性に関する報告に，西川（1994），石井・箕輪・橋本（1996）の報告がある．

　西川（1994）は，オームの法則において，純粋な数学の問題と電流 I，電圧 E，抵抗 R を表記して数値に単位をつけた問題とを同一生徒に行わせ，数学の問題では正答できるのに，理科の問題になると正答できない生徒がいたことから，文脈依存性が見られたことを報告している．また，石井・箕輪・橋本（1996）は地震波での P 波と S 波をグラフに示し，初期微動継続時間と震源からの距離の関係を問う理科の問題と，それに対応した 1 次関数の数学の問題を同一生徒に実施した．その結果，"①同一生徒に対して，同じ解き方で解ける問題を数学の文脈で提示すると，多くの生徒は数学の授業で学んだ解き方で解き，理科の文脈で提示すると，理科の授業で学んだ解き方で解いていくこと，②「数学テスト」でつまずいた生徒に対して，「理科の授業で似たような学習をしたことはないか」と理科の授業を想起させるような手だてを行うと，「数学テスト」を理科の解法で解く「学習の転移」が起きやすいこと"を明らかにした．［中略］（☞ **理科と数学の文脈依存性に関連した先行研究を間接引用して説明している**）

　他方で，類推的問題解決の研究では，ターゲット問題を解決するには，"解法を参考にすれば解ける"というヒントをベース問題で与えないと学習の転移が容易には起こらないことが報告されている（Gick & Holyoak, 1980；田邊, 2006）．（☞ **類推的問題解決の先行研究を間接引用して説明している**）

　これらのことは，一見違ったものとして見える事象に対して共通性を見出すことで，子どもに「統合」の概念が萌芽し，さらにベース問題となる教科でヒントを与えて「学習の転移」を起こさせることで，子どもの理解力や応用力が高まる可能性があるものと考える．(☜共通性を見出すことの長所について説明している)

　空気中を光が鏡によって反射して進む場合，媒質は同じであるため光の速さは変化せず，光が鏡によって反射して進む経路は最短距離の経路と一致する．このため，中学校理科における「物体からの光が鏡で反射して目に届くまでの経路を求める問題」と中学校数学における「最短距離を作図をして求める問題」は解決方法の点で共通している．両者は，一見違うものに見えるが共通の原理や構造がある．(☜両者の原理・構造の共通性について述べている) このような「作図」における理科と数学に関連する共通した題材をもとに，「学習の転移」を促す条件について考察した報告は見られない．(☜先行研究がみられないことを強調し，本研究で解明しなければならないことに言及している)

　そこで，(☜キーワード；この後に，本研究で取り組むべき課題について言及することになる) 両者の問題を事象に取り上げて分析することで，「統合」の概念が萌芽するとともに，「学習の転移」を促す条件について解明できるものと考え，以下のように本研究の目的を設定した．(☜次章の目的につながるような表現にしている)

6.9 「はじめに (序論)」の事例3

　「石井俊行・大蔵愛海 (2019)：類推による問題解決能力を活かした 理科学習指導法の検討～グラフ・データ解釈を向上させるために～，科学教育研究，日本科学教育学会，Vol.43(3)，244-252.」の「はじめに」を抜粋し，以下に説明します．

Ⅰ. はじめに
　中学校理科では小学校理科に比べ実験で得られたデータを定量的に扱ってグラフ化し，そこから規則性を見出し数式等で表現する機会も増えるため，グラフ解釈やデータ解釈が重要となる．(☜グラフ解釈やデータ解釈の重要性について述べている)

　理科学習において，グラフ解釈やデータ解釈[1]を子ども達にどのように指導していけばよいのかについての報告（e.g., 荻野・桐生・久保田，2014；宮本，2015；［中略］）はされているが，全国学力・学習状況調査で，中学生の「基礎的・基本的な知識・技能を活用し，グラフ・資料などに基づいて，自らの考えや他者の考えを検討して改善すること」に課題があることが指摘されている（国立教育政策研究所，2015：128）．（☞グラフ解釈やデータ解釈に課題があることを説明している）

　中学校理科の実験における規則性を見出す際に頻繁に扱う機会が多いグラフとして，「$y = ax$」の形の正比例が挙げられる［中略］．

　また，ある量までは正比例「$y = ax$」の形をとるが途中から一定となる「$y = a$（a は定数）」の形をとるグラフを扱う機会も多い［中略］．（☞理科で扱うグラフの形に言及し，本研究で扱うグラフの形に導いている）

　理科学習における前者の正比例のグラフ解釈に特化した報告（e.g., 今井・石井，2013；［中略］）は多いものの，後者の「比例し途中から一定になるグラフ」のグラフに特化した報告は見受けられない．「比例し途中から一定になるグラフ」の理科問題は，グラフから生成に必要な物質 A，B 及び生成物の量的な関係性を読み取り，物質 A，B それぞれの過不足の状況を判断して，生成物の最大量，及びそれぞれに必要な物質 A，B の量を求めなくてはならず，中学生にとってグラフ解釈における難しい問題の1つに挙げることができる．この理科問題の解決の過程を分析することで，中学生のグラフ解釈に関する指導の知見が得られるものと考えた．（☞このグラフを扱うことで，グラフ解釈を高めさせる手だてが見出せると考えたことを述べている）

　一方で，推論スキーマに関する研究に湯澤（1988）の報告がある．［中略］

　他方で，子ども達の科学概念の習得に類推（アナロジー）による問題解決を活かすことで，その共通の構造に気がつき，その後の学習に効果があったという報告がされている［中略］．

　篠原（2002：202-203）は，Gick and Holyoak（1980）が，「周辺部分から中央部分へと集中させる」といった共通の構造をもつ「放射線問題」と「要塞を攻め込む問題」の2つを用意し，「要塞を攻め込む問題」をヒントに「放射線問題」を解くように指示した．その結果，多くの被験者が両者の類似性に気付き，「放射線問題」が解決できたことを紹介し，「類推は問題解決に有用ではあるが，類推が当てはまることに気づきにくく，それを利用するようにというヒントを与えないと正解者の数は少なくなる」ことを指摘し，鹿毛・那須（1997：35）は，「たとえ先行の課題と後続の課題の間に共通の原理・構造が

あったとしても，学習者がそれに気づけなければ正の転移は生じない．」ことを指摘している．篠原（2002）や鹿毛・那須（1997）の指摘にあるように，学習者が共通な原理・構造に気づけなければ問題解決は期待し難いが，その一方で内ノ倉（2010）は，類推（アナロジー）による問題解決の効果について言及している．（☞本研究が類推の問題解決の1つに含まれることに言及している）

したがって，問題解決の方略に共通な原理・構造があることを生徒に気づかせられれば，「比例し途中から一定になるグラフ」のグラフ解釈やデータ解釈も促進され，理科問題も類推により解決し易くなるものと考える．

そこで，（☞キーワード；この後に，本研究で取り組むべき課題について言及することになる）本研究では「比例し途中から一定になるグラフ」の理科問題を，「$CaCO_3$ と HCl の化学反応における $CaCO_3$ の量と CO_2 の量の関係」に設定し[(2)]，理科問題「$CaCO_3$ と HCl で CO_2 を発生させる」を解決させる際に，先行してその内容に類似した身近な類推問題を解かせることにより，この問題におけるグラフ解釈やデータ解釈が促進され，問題解決がし易くなるのかを検証したいと考え調査を行った．その結果，新たな知見が得られたので報告する．（☞グラフ解釈の知見が得られるように，どのような調査を行ったのかについて言及している）

第7章 「目的」（Purpose）

7.1 「目的」に書くこと

　「はじめに（序論）」の部分で，研究する意義（意味）については既に述べていますので，それを受けてどのようなことを明らかにするのかという，「目的」について3〜4行程度で書けばよいだけです．「論文」完成時には，得られた「結論」と「目的」とが整合しているかを，しっかりと見直す必要があります．

　なお，「はじめに（序論）」の中に，「目的」も含めて書く方法については，6.7で事例を使って説明しましたが，ここでは「目的」の章を別の章に新たに設けて書く方法について説明します．その理由は，「目的」の章を新たに設けることで，何を目的に書かれた「論文」なのかがすぐに読者にわかってもらえると考えるからです．

　私の修士論文の作成のときは，「考察」から「結論」が思わぬ方向に進んでしまい，当初の「目的」とは方向性が変わってしまいました．自分はこのような「目的」のために，この研究をしたのではないと，頑なに当初の「目的」のままでいこうとしたのですが，「研究とはそういうもので，自分の当初描いていた『ストーリー』とは違った『結論』になれば，整合性を保つために，『目的』も変えなければならない」と指導されました．確かに自分がどのような「目的」で研究を進めてきたのかは，ゼミに参加している者ぐらいしか知り得ません．データを改ざんしたわけでもなく，とがめられる筋合いでもありません．胸を張って「自分は最初からこういった『目的』で研究を進め，このようなことが明らかになったのだ」と言い切ればよいだけです．

第4章の「考察」で接着剤の例（4.3.3）で説明しましたように、「接着剤の耐水性向上に関する実験評価」の話から、「着脱・再使用可能な接着剤の開発」の話へと「論文」の内容をシフトさせるには、「目的」と「タイトル」も差し替える必要がありました．

読者にとって一番困るのは、「結論」と「目的」の整合性のない「論文」ほど、読んでいて腹立たしいことはありません．せっかく読んでみたものの、「目的」とは違った「結論」になっていては、何を主張したい「論文」なのかが全くわからなくなってしまいます．このようなことが起こらぬよう、「結論」と「目的」の整合性が常に保たれるように、何度も見直しましょう．

7.2 「目的」の事例1

「石井俊行・荒川友希・伊東明彦（2020）：中学生の意識や理解を考慮した電気学習における水流モデルの検討〜非循環型と循環型を比較して〜，学校教育実践ジャーナル，日本学校教育実践学会，3，3-10.」の「目的」を抜粋し、以下に説明します．

---

2. 目的
　　中学2年生が電気分野を学習する際に、「非循環型水流モデル」と「循環型水流モデル」では、電流・電圧の理解や意識の面でどのような違いがあるのかを明らかにし、教科書に掲載すべき水流モデルの型はどうあるべきなのかを検討する．（☜何の単元で、何を明らかにし、どのように検討するのかを1つの文章で述べている）

7.3 「目的」の事例2

「石井俊行・桝本有真・南口有砂（2020）：理科学習の意義や有用性を実感させるための指導法の検討〜小学6年「てこの利用」に爪切りを導入することの効果〜，奈良教育大学紀要，69(1)，125-131.」の「目的」を抜粋し、以下に説明します．

> 2. 目的
>
> 　小学校第 6 学年理科「てこの利用」の授業で，身近にある「爪切りの仕組みに着目させる特別学習」を導入することの理科学習の意義や有用性を実感させる効果について検証する．（☜何の単元で，何を明らかし，どのように検討するのかを 1 つの文章で述べている）

7.4 「目的」の事例 3

　石井俊行・田中智貴・吉岡照子（2020）：浮力の指導内容の違いが中学生の理解や意識に及ぼす影響〜アルキメデスの原理の学習の効果〜，次世代教員養成センター研究紀要，奈良教育大学，6，181-186.」の「目的」を抜粋し，以下に説明します．

> 2. 目的
>
> 　中学校第 1 学年の浮力に関する指導内容として，水に沈む物体にはたらく浮力の定性的な内容に留めた学習に比べ，水に沈む物体にはたらく浮力の定量的な内容，加えて水に浮く物体にはたらく浮力の定量的な内容を学習させることは，中学 1 年生の浮力の理解にどのような差を生じさせるのかを明らかにするとともに，浮力の学習に関するイメージに合致した授業はどうあるべきかについて考察する．（☜授業内容の違いが，生徒の理解にどのように影響するかについて考察することを述べている）

7.5 「目的」の事例 4

　「石井俊行・林拓磨（2015）：単位の次元に着目させる理科学習指導法の効果とその問題点〜問題に対する正答率の向上を目指して〜，科学教育研究，日本科学教育学会，39(4)，335-346.」の「目的」を抜粋し，以下に説明します．

II.　研究の目的

1)　単位の次元に着目させる指導に対する中学生の意識について明らかにする.

2)　単位の次元に着目させる指導を行うことによって，問題文での求めるべき量の単位の記載の有無が，問題の解答に及ぼす影響について明らかにする. また，イメージのし難い分野や未履修の分野における問題の解答に及ぼす影響について明らかにする.

3)　単位の次元に着目させる学習指導法の効果とその問題点を明らかにし，この学習指導法について検証する.（☜何を対象に，何を明らかにし，何を検証するかを 3 つの文章に分けて述べている）

　以上，4 つの事例について紹介してきましたが，「目的」では何を対象に，どのようなことを明らかにし，検討（検証）するのかをしっかりと述べていきましょう.

第8章 「タイトル（題目）」（Title）

8.1 「タイトル」に書くこと

　「論文」に「タイトル」をつけることは，簡単そうに見えて，実は非常に難しいものです．何度も書いては寝かせ，また眺めては加筆修正し，最後まで「タイトル」づけにはこだわりましょう．特に，「CiNii Articles」，「Google Scholar」，及び「J-STAGE」等の検索サイトでうまくヒットする（引っ掛かかる）ように，キーワードをうまく盛り込みましょう．

　「タイトル」は，「論文」の中身が想像できるようにつけなければなりません．「タイトル」を見た瞬間に「論文」を読むかどうかが決まり，「タイトル」が違えば，読んでもらえる読者層も違ってきます．ターゲットとなる読者に読んでもらうためにも，「タイトル」には慎重になる必要があります．

　では，「タイトル」には何を書き入れればよいのでしょうか．

　まず，「何の問題について取り組んだのか」について記さないと，何を研究したのかを知ることができません．

　また，その研究の対象は小・中学生なのか，教員なのか，教具なのかといった「研究対象」も加える必要があります．

　さらに，その中で「特に何について着目した研究なのか」，あるいは「どのようなアプローチ（手法）をとった研究なのか」，「何と何を比較した研究なのか」などの情報も入れておくことで，その「論文」の「ウリ」について読者は理解しやすくなると思います．

8.2 高等学校での「タイトル」指導

　教えてもらわなければ，誰でも「論文」や「報告書」に何となく「タイトル」を付けてしまいがちです．しかし，付け方の指導を受けることで，

第8章 「タイトル（題目）」(Title)

誰でも「読んでみたい！」，「興味がある！」と読者に思ってもらえるような「タイトル」をつけることができるようになります．

　高等学校におけるSSH（スーパー・サイエンス・ハイスクール）では，高校生がいろいろな研究に取り組んでいます．私は，その指導の一環で講師として招かれ，高校生に向かって「論文」の書き方に関する講演を行ったことがあります．この講演の中でも，「タイトル」のつけ方の説明を行いました．

　以下(1)〜(5)の例は，その高等学校の先輩達がSSHの「報告書」につけた「タイトル」を見て，私が勝手にその研究内容をくみ取り，「タイトル」を修正したものです．「報告書」の中身を見たわけではありませんので，必ずしも内容に合致していないこともあるかもしれません．

　しかし，「タイトル」を少し修正するだけで，読者に興味・関心をもってもらえるような「タイトル」に生まれ変わることを，ご理解いただけるのではないでしょうか．

例(1)
・アルツハイマーの原因・治療法
　→アルツハイマー病発症のメカニズムとその治療の現状〜現代医学の最前線〜

例(2)
・紙飛行機
　→紙飛行機における飛距離と滞空時間を向上させる技術の究明

例(3)
・コンビニの売り上げの格差
　→コンビニエンスストアーにおける売り上げの格差の現状〜都市部と農村部の比較を通して〜

　　→コンビニエンスストアーにおける売り上げの格差の現状〜奈良駅周
　　　辺の２店舗を比較して〜

例(4)
・効率の良いモーターとは？
　→高効率・高性能モーターの製作の現状とその課題

例(5)
・卵の強度について
　→鶏卵における生体蛋白質が卵殻強度に与える影響

8.3　「タイトル」の一般的な型

　「論文」に「タイトル」をつけることは，私自身，今でも大変気をつかう
箇所です．「論文」を書き始めた頃の私は，「タイトル」は「主題」のみを
記せばよいと思っていました．しかし，学会での口頭発表を聴いたり，「論
文」を読んだりしていくうちに，「主題＋副題」の型の方が読者に「論文」
の「ウリ」がわかりやすいのではないかと思えるようになってきました．
　また，「タイトル」を眺めたところ，「疑問文形」の型もあることを知り
ました．「疑問文形」の型は，「研究仮説（問い＋それに対する答え）」の
「問い」の部分をそのまま「タイトル」にしていますので，直接的ですが
インパクトのある「タイトル」の表現方法と言えます．

　「タイトル」は，口頭発表を行う際の発表要項（A4版１〜２枚程度）に
もつけて提出する必要があります．私は，口頭発表の際には，「疑問文形」
の型をとるようにしています．
　その理由は，最終的な研究発表の場は「学術論文」であり，その「学術
論文」と口頭発表の要項の「タイトル」を同一にして発表してしまうと
（初学者はよく同じタイトルにしてしまう），「CiNii Articles」，「Google
Scholar」，及び「J-STAGE」等の検索サイトで判別しにくくなってしま

うからです.

8.4　学術論文と口頭発表の「タイトル」の比較

　以下に，私が主著者の「学術論文」の「タイトル」と口頭発表での「疑問文形」の型の「タイトル」の両方を並べてみます.

例 1)

・学術論文）理科・数学教師間の連携の強さが学習の転移に及ぼす影響〜類推的問題解決能力の向上を目指して〜

（石井俊行・橋本美彦（2016）：科学教育研究，日本科学教育学会，40(3)，281-291.）

・口頭発表）類推的問題解決能力向上のための理科・数学教師間の連携とは？

（石井俊行・橋本美彦（2016）：日本理科教育学会第66回全国大会論文集，392.）

例 2)

・学術論文）学習の共通性を見いだす能力を高めさせる指導に関する一考察〜濃度と湿度の飽和の概念を通して〜

（石井俊行・橋本美彦（2015）：科学教育研究，日本科学教育学会，39(1)，2-10.）

・口頭発表）学習の共通性を見いだす能力を高めさせるには？〜濃度と湿度の飽和の概念に着目して〜

（石井俊行・橋本美彦（2014）：日本理科教育学会第64回全国大会論文集，240.）

例 3)

・学術論文）中学理科の圧力の理解を深めさせる指導に関する一考察〜数学の反比例の学習を活かして〜

（石井俊行（2015）：科学教育研究，日本科学教育学会，39(1)，42-51.）

・口頭発表）中学生の圧力の理解を深めさせるための方法とは？～数学で学習した内容を生かして～

（石井俊行（2014）：日本科学教育学会年会論文要旨集（38），50.）

例4)

・学術論文）教科間における学習の転移を促す条件に関する考察とその提言～理科「光の反射」と数学「最短距離」の作図を通して～

（石井俊行・橋本美彦（2013）：科学教育研究，日本科学教育学会，37(4)，283-294.）

・口頭発表）理科と数学の教科間における学習の転移を促す条件とは？～光の反射と最短距離の事例を通して～

（石井俊行・橋本美彦（2013）：日本理科教育学会第63回全国大会論文集，125.）

例5)

・学術論文）中学生に"フェルマーの原理"を学習させることの有効性に関する研究

（石井俊行・橋本美彦（2012）：理科教育学研究，日本理科教育学会，52(3)，1-10.）

・口頭発表）中学生に「フェルマーの原理」を教えることは有効か？

（石井俊行・橋本美彦（2011）：日本理科教育学会第50回関東支部大会研究発表要旨集，65.）

例6)

・学術論文）分解と化合における子どものわかりやすさからみた学習の順序性とその指導法に関する提言

（石井俊行・橋本美彦（2011）：理科教育学研究，日本科学教育学会，51(3)，25-32.）

・口頭発表）化学変化における「分解」と「化合」とでは，どちらを先に

学習させる方が効果的なのか

（石井俊行・橋本美彦（2009）：日本理科教育学会第 48 回関東支部大会研究発
表要旨集，28.）

8.5 「タイトル」の型

ここまで示しますと，「論文」の「タイトル」には，一定の型があるこ
とにお気づきだと思います．以下に，「タイトル」における主題と副題の
それぞれの私なりの型について説明します．

8.5.1 「タイトル」の主題の型

以下に「論文」の主題の「タイトル」の型を示します．

- ○○に△△を導入する（取り入れる）ことの効果
- ○○が△△に及ぼす効果（影響）
- ○○による△△を活かした□□の検討
- ○○における△△の要因と□□の検討
- ○○に△△させる□□の効果とその問題点
- ○○に△△させる（ための）□□の開発（検討）
- ○○を△△させる□□に関する一考察
- ○○を△△した□□における▽▽の検討

8.5.2 「タイトル」の副題の型

以下に「論文」の副題のタイトルの型を示します．

- ○○と（△△を）比較して
- ○○に△△を及ぼす要因を検討して
- ○○に△△を導入する（させる）ことの効果
- （○○に）△△を□□させるために
- （○○で）△△に着目させて

・○○の向上を目指して（向上させるために）
・○○を△△した□□実験
・○○と△△の関係に着目して
・○○の新たな試み（の効果）
・○○を活かして（を通して）

　以上のように，主題と副題のそれぞれの型について紹介してきましたが，両者を組み合わせて「主題＋副題」の「タイトル」をつけることで，読者にその「論文」の「ウリ」がうまく伝わると思います．

　その他にもいろいろな型がありますので，「CiNii Articles」，「Google Scholar」，及び「J-STAGE」等にご自身の「論文」のキーワードを入力して検索し，ヒットした（引っ掛かった）「論文」のタイトルを参考に，あなたの「論文」に相応しい「タイトル」をつけていってください．

8.6　直近 6 か年の私が主著者の「論文」の「タイトル」

　直近 6 か年での，私が主著者の「論文」の「タイトル」について以下に紹介します．前節 8.5 の「論文」の「タイトル」の型が活かされていることがわかっていただけると思います．

例 1)

・小学算数「単位量当たりの大きさ」が中学理科「密度」に及ぼす効果
　〜全国学力・学習状況調査問題「算数 A」と比較して〜
（石井俊行・鶴見行雄（2021）：科学教育研究，日本科学教育学会，45(3)，280-291.）

例 2)

・中学生の合成抵抗の学習にゲーム的要素を取り入れることの効果〜理解に影響を及ぼす要因を検討して〜
（石井俊行・栁井孝夫・寺山桂史・中村大輝（2021）：科学教育研究，日本科学教育学会，45(1)，13-22.）

例 3)

・小学 4 年「ものの温度と体積」に粒子モデルを導入することの効果〜電子レンジで粒の動きと温度の関係に着目させて〜

（石井俊行・岡本智子・柿沼宏充（2020）：科学教育研究，日本科学教育学会，44(3)，168-179.)

例 4)

・中学生の意識や理解を考慮した電気学習における水流モデルの検討〜非循環型と循環型を比較して〜

（石井俊行・荒川友希・伊東明彦（2020）：学校教育実践ジャーナル，日本学校教育実践学会，3，3-10.)

例 5)

・浮力の指導内容の違いが中学生の理解や意識に及ぼす影響〜アルキメデスの原理の学習の効果〜

（石井俊行・田中智貴・吉岡照子（2020）：次世代教員養成センター研究紀要，奈良教育大学，6，181-186.)

例 6)

・中学理科における電圧の理解を促進させるための水流モデルの検討〜モデルにおける水の循環の有無に着目して〜

（石井俊行・内藤拓・伊藤明彦（2020）：次世代教員養成センター研究紀要，奈良教育大学，6，205-210.)

例 7)

・理科学習の意義や有用性を実感させるための指導法の検討〜小学 6 年「てこの利用」に爪切りを導入することの効果〜

（石井俊行・桝本有真・南口有砂（2020）：奈良教育大学紀要，69(1)，125-131.)

例 8)

・類推による問題解決能力を活かした理科学習指導法の検討～グラフ・データ解釈を向上させるために～

（石井俊行・大歳愛海（2019）：科学教育研究，日本科学教育学会，43(3)，244-252.）

例 9)

・物体と平面鏡に映る虚像の位置関係を捉えさせる教具の開発～ハーフミラーを導入した光の反射実験～

（石井俊行・髙井成泰・森本弘一（2018）：物理教育，日本物理教育学会，66(2)，87-92.）

例 10)

・水溶液濃度計算におけるつまずきの要因分析と学習指導法の検討～小学校からの教科横断型カリキュラム・マネジメント～

（石井俊行・寺窪佑騎（2018）：科学教育研究，日本科学教育学会，42(1)，25-36.）

例 11)

・電熱線の発熱の学習に粒子概念を導入することの効果～小学生に発熱の仕組みを理解させるために～

（石井俊行・八朝陸（2017）：科学教育研究，日本科学教育学会，41(4)，438-448.）

例 12)

・理科・数学教師間の連携の強さが学習の転移に及ぼす影響～類推的問題解決能力の向上を目指して～

（石井俊行・橋本美彦（2016）：科学教育研究，日本科学教育学会，40(3)，281-291.）

例 13)

・小学校理科に電圧概念を導入することの効果〜電気学習の新たな試み〜

（石井俊行・八朝陸・伊東明彦（2016）：科学教育研究，日本科学教育学会，40(2)，222-233.）

例 14)

・単位の次元に着目させる理科学習指導法の効果とその問題点〜問題に対する正答率の向上を目指して〜

（石井俊行・林拓磨（2015）：科学教育研究，日本科学教育学会，39(4)，335-346.）

例 15)

・中学理科の圧力の理解を深めさせる指導に関する一考察〜数学の反比例の学習を活かして〜

（石井俊行（2015）：科学教育研究，日本科学教育学会，39(1)，42-51.）

例 16)

・学習の共通性を見いだす能力を高めさせる指導に関する一考察〜濃度と湿度の飽和の概念を通して〜

（石井俊行・橋本美彦（2015）：科学教育研究，日本科学教育学会，39(1)，2-10.）

第9章 「文献」(Bibliography/References)

9.1 「文献リスト」における表記

　「文献」には，最低でも，「著者」，「タイトル」，「雑誌名」，「発行西暦年」の項目の表記がなくてはならないことは，何となくわかると思います．

　それらの表記に加え，雑誌の「巻と号」，及び「最初の頁 - 最後の頁」も表記します．したがって，「文献リスト」には，「著者」，「タイトル」，「雑誌名」，「巻と号」，「最初の頁 - 最後の頁」，「発行西暦年」を「論文」の最後にまとめて記します．

　大学院生の頃の私は，「文献リスト」の重要性に気づかず，とりあえずは，「著者」，「タイトル」，「雑誌名」，「巻と号」，「最初の頁 - 最後の頁」，「発行西暦年」さえ記しておけばよいであろうと安易に考えていました．

　このため，修士論文の「文献リスト」では，「タイトル」，「雑誌名」，「巻と号」，「最初の頁 - 最後の頁」，「発行西暦年」の記載の順序が「文献」ごとにまちまちでしたので，その順序を統一するように指導されました．

　これらの表記をどのような順序で書くかは，各大学の研究室における慣例もあることでしょう．学会の研究紀要なら，「投稿規定」にその書き方が詳細に記されています．逸脱していると，審査（査読）に回してはもらえません．規定に合わせて，「文献リスト」を作成していきましょう．

9.2 「文献」が意味すること

　「文献」は，「引用文献」と「参考文献」に大きく分かれ，「引用文献」には，「論文」に引用した「文献」を，「参考文献」には，「論文」執筆の際に参考にした「論文」や書籍などを最後の「文献リスト」に載せます．

　しかし，「文献リスト」には，実際に「論文」中に引用した「引用文献」のみを載せるのが一般的です．

　引用した「文献」がそのような知見を報告しているのか，あるいは，そのことに言及しているのかが重要です．そのことに言及していないにもかかわらず，引用してはいけません．

　特に，「孫引き」には注意しましょう．

　「孫引き」とは，他者が書いた「論文」の「文献リスト」から，その「文献」に書かれている内容を，あたかも原著「論文」を読んだかのように，自分の「論文」にその内容を書き加えるとともに，「文献」リストにもその「文献」を載せてしまう行為のことをいいます．「孫引き」をしてはいけない理由は，仮に他者の書いた「論文」で引用された内容や「文献」の表記に誤りがあった場合，「孫引き」すると，その誤りが再度繰り返されてしまうからです．

　「先行研究」の「文献」の知見に支えられて現在の研究があり，その内容を受けて後続の「論文」が書かれていきます．「論文」は「先行研究」よりも，少しでも先に研究が進められたことを報告するものであり，あなたが「論文」を発表すればそれが引用され，さらに研究は進展していきます．

　「論文」を渡されたとき，最初に「タイトル」を見る人，「図や表」を見る人，あるいは「アブストラクト（要約）」を読む人，「はじめに」を読む人と様々ですが，その次に「文献リスト」を見る人がいることをご存知でしょうか．

　「学術論文」では，一般に「先行研究」やそれに関連した「文献」が巻末の「文献リスト」にかなりの数が記されています．しかし，研究学校等の「報告書」では，「文献」の数があまり多く記されていません．

　「文献リスト」の数を見ることで，関連する「先行研究」をしっかりと調べられて進められた研究なのか，あるいはその「先行研究」を踏まえ，どれだけ発展させた研究なのかがすぐにわかります．

　逆に，「文献リスト」の数が少ないと，研究の「立ち位置」がわからず，

「先行研究」を踏まえた研究とは扱われにくく，研究成果の信憑性までも
疑われかねません

　一方で，読者の皆様の中には，独創的な「論文」ならば，フロントラン
ナーとして走り続けることができるため，「文献リスト」の数が少なくて
済むのではないかと思われる方がいるかもしれません．

　しかし，その独創的な「論文」でさえも，その研究の「立ち位置」を周
辺の「先行研究」から説明していきます．また，「先行研究」では未解決
であった分野を開拓することで，どのようなことが期待できるのか等を述
べる必要性から，「はじめに（序論）」と「考察」の部分では，それ相応の
「文献」を引用することになります．

　このため独創的な「論文」でさえも，「文献リスト」の数が少なくて済
むということはあり得ないのです．

　以上より，最後の「文献リスト」における「文献」の掲載は，「論文」
にとって極めて重要なのです．

9.3　「文献」から特定の分野の知見が得られる

　ある特定の分野の研究に関して知りたいときは，代表的な「論文」を取
り寄せて（所定のサイトからダウンロードなどをして），その「文献」を
調べることをお勧めします．その「文献」で引用されている「論文」を取
り寄せては読み，またそこに引用されている「文献」を取り寄せては読ん
でいきます．このように次々と芋づる式に「論文」を取り寄せて読んでい
くと，その分野に関するかなりの知見が得られます．

　したがって，「文献」では正確な記載が重要です．過去に，私の氏名の
漢字を間違って記載した「論文」がありました．

　「先行研究」に関する「文献」をうまく整理し，それを引用することで，
あなたの「論文」の価値も上がることにつながります．

「教科教育学」の歴史が浅いとき，「学術論文」の数が少ない時代がありました．あれから 30 年以上が経ち，多くのことが解明されてきました．しかし，依然その知見は少ないと私は思います．ですから，皆さんに「教科教育学」に限らず，「論文」をどんどん発表していただき，お互いに情報を共有し合っていって欲しいと願うばかりです．

9.4 「文献リスト」での表記と表記例

例 1) 日本語の「論文」の場合

日本語の「論文」も，表記の仕方は投稿規定や研究室等の慣習によって様々です．どの表記も誤りではないのですが，以下に代表的な表記法について比較しながらご紹介します．

(1) (a)と(b)の比較

(a) 石井俊行・八朝陸・伊東明彦：「小学校理科に電圧概念を導入することの効果〜電気学習の新たな試み〜」，『科学教育研究』，Vol.40，No.2，pp.222-233，2016.

(b) 石井俊行・八朝陸・伊東明彦（2016）：小学校理科に電圧概念を導入することの効果：電気学習の新たな試み，科学教育研究，40(2)，222-233.

(a)と(b)の比較から，以下の①〜⑥の表記に違いがあることがわかります．

① 「2016」という年号を最後に記すか，あるいは，筆者の後に括弧の中に入れて記すか．

② 「主題〜副題〜」とするか，あるいは「主題：副題」とするか．

③ 論文のタイトルを「　」で囲むか，否か．

④ 論文の雑誌名を『　』で囲むか，否か．

⑤ 巻号を Vol.40，No.2 と記すか，あるいは略して，40(2) と記すか．ここでの Vol. は，volume の略で「巻」を，No. は「第○号」

を意味します.

⑥　該当ページを pp. と記すか,あるいは pp. を省略して記すか. pp. は page to page の略で,一般には小文字で記します.

(2)　(c)と(d)の比較

(c)　石井俊行・八朝陸・伊東明彦：小学校理科に電圧概念を導入することの効果〜電気学習の新たな試み〜,科学教育研究,40(2),222-233,2016.

(d)　石井俊行、八朝陸、伊東明彦：小学校理科に電圧概念を導入することの効果／電気学習の新たな試み、科学教育研究、40(2)、222-233、2016.

(c)と(d)の比較から,以下の①〜③の表記に違いがあることがわかります.

①　著者同士を「・」をつけて区切るか,あるいは「、」で区切るか.

②　タイトルの表記方法を「主題〜副題〜」とするか,あるいは「主題／副題」とするか.

③　「タイトル」「雑誌名」「巻と号」「最初の頁 - 最後の頁」「発行西暦年」をそれぞれ「,」で区切るか,あるいは「、」で区切るか.

例2)　英語の「論文」の場合

英語の「論文」も,投稿規定や研究室等の慣習によって,その表記は違います.そのことを事例を挙げて説明します.

(a)　Gick, M.L.&Holyork, K.J. (1980)：Analogical problem solving, *Cognitive Pcychology*, 12, 306-355.

(b)　Gick, M.L.&Holyork, K.J. (1980)：Analogical problem solving, Cognitive Pcychology, 12, 306-355.

(a)と(b)の比較から, (a)のように, 雑誌名をイタリック (斜体) にして記すか, (b)のように雑誌名に下線を引いて記すか.

例 3) 単行本の場合

日本語の単行本の「文献」の表記も, 例 1) の日本語の「論文」と同様に, 投稿規定や研究室等の慣習によって, その表記はまちまちです. そのことを以下に説明します.

(a)と(b)の比較

(a) 有馬朗人, 他 62 名:『新版理科の世界 2』, 大日本図書, 2016.

(b) 有馬朗人、他 62 名 (2016):新版理科の世界 2、大日本図書.

(a)と(b)の比較から, 以下の①〜③の表記に違いがあることがわかります.

① 書名を『　』で囲むか, 否か.

② 「2016」という年号を最後に記すか, あるいは, 筆者の後に括弧の中に入れて記すか.

③ 「タイトル」「発行所」「発行西暦年」をそれぞれ「, 」で区切るか, あるいは「、」で区切るか.

例 4) インターネットを介しての資料等

「全国学力・学習状況調査」の結果のような書籍での入手が困難な資料は, インターネットを介して入手します. その資料を引用するには, インターネットの URL とアクセスした (それを最後に見た) ときの年月日も併せて記します.

一般には, 著者 (発行西暦年):書名, < https：//www. ○○○○ > (参照△年 - □月 - ▽日) というように, アクセスした年月日も入れておきます. ただし, 投稿規定や研究室等の慣習によって多少違います.

例えば,

①国立教育政策研究所教育課程研究センター（2018）：平成 30 年度全国学力・学習状況調査　解説資料　児童生徒一人一人の学力・学習状況に応じた学習指導の改善・充実に向けて　小学校算数,
＜ https://www.nier.go.jp/18chousa/pdf/18kaisetsu_shou_sansuu.pdf ＞（参照 2020-4-24）.

というように記します.

9.5　「文献リスト」での表記の統一

　前項 9.4 で「文献リスト」での表記について説明しましたが,「タイトル」,「雑誌名」,「巻と号」,「最初の頁 - 最後の頁」,「発行西暦年」の順序は投稿規定や研究室の慣習によってまちまちです.

　あなた自身の「論文」の中では,これらの表記の順序にブレがないように統一して記しましょう.

第10章 ▶「注」（Notes）

10.1 「注（註）」に書くこと

あなたが書いている「論文」の本文中に「注」を設けると，読者に「論文」の内容を正確に理解してもらえます．それは，「注」を設けることで，補足説明を加えることができるからです．また，「論文」としての体裁も向上することにつながるかもしれません．

注（註）と記しましたが，「注」でも，「註」でも，どちらの表記も間違いではありません．私は個人的には，「論文」としての重々しさを重視したいのと，恰好がよいと思えることから，「註」の漢字を普段用いています．

では，「注」はどのような場面で設けるとよいのでしょうか．

読者があなたの「論文」を読むときに，補足説明しておきたいことを本文中にしてしまうと，本文が読みづらくなってしまうときに，「注」を設けます．ただし，やたら「注」を設ければよいというものではありません．必要と判断される箇所のみ設けていきましょう．

記載の仕方は，本文中の文字などの右肩にワードの［フォント］機能の［上付き］の設定で，通し番号の数字と括弧で上付き文字で記し，例えば，「レディネス」という単語に「注」を設ける場合は，「レディネス(1)」と表記します．それに対応する「注」を「文献リスト」の前の部分に，「注」のリストの場所を設けて，番号順にまとめて記しておきます．

10.2 「注」が必要な場面

以下に「注」が必要な場面について，皆さんが理解しやすいように，私なりに５つの場面に整理してみました．次節で，それぞれの事例を取り

上げて説明します.
① 専門用語を確認しておきたいとき
② 用語や研究の範囲を限定したいとき
③ 読者の思い違いを回避したいとき
④ 筆者の考えを補足したいとき
⑤ 内容に関して補足したいとき

10.3 専門用語を確認しておきたいときの事例

例1)

「石井俊行・鶴見行雄（2021）：小学算数『単位量当たりの大きさ』が中学理科『密度』に及ぼす効果〜全国学力・学習状況調査問題『算数A』と比較して〜，科学教育学会，日本科学教育学会，45(3)，280-291.」の「本文」と「注」を抜粋し，以下に説明します.

　子どもが何かを学習し，ある力を獲得するためには，それを可能とする前提の力，つまりレディネス⁽²⁾が必要である（丸山，1999：196）.（☞本文中に上付き文字の⑵がついている）

注⑵　学習が効果的に行われるためには，それに先だって，その学習を可能にする下地がなければならない.レディネスとは準備とか用意の意で，学習を可能にするのに必要な条件としての心身の準備が整っている状態をいう（古賀，1972：167）.（☞本文中の上付き文字⑵に対応させて，注⑵で「レディネス」の用語を，「古賀行義（1972）：教育心理学小辞典，協同出版，167.」から直接引用し，読者に専門用語の確認をしている）

10.4 用語や研究の範囲を限定したいときの事例

例1)

「石井俊行・大歳愛海（2019）：類推による問題解決能力を活かした理科学習指導法の検討〜グラフ・データ解釈を向上させるために〜，科学

教育研究，日本科学教育学会，43(3)，244-252.」の「本文」と「注」を
抜粋し，以下に説明します．

　理科学習において，<u>グラフ解釈やデータ解釈</u>[1]を子ども達にどのように指導し
ていけばよいのかについての報告（e.g., 荻野・桐生・久保田，2014；大濱・
小林，2014；宮本，2015；石井，2015；末廣・内ノ倉，2018）はされているが，
全国学力・学習状況調査で，中学生の「基礎的・基本的な知識・技能を活用し，
グラフ・資料などに基づいて，自らの考えや他者の考えを検討して改善するこ
と」に課題があることが指摘されている（国立教育政策研究所，2015：128）．
（☜本文中の「グラフ解釈やデータ解釈」に上付き文字の(1)がついている）

注(1)　プロセス・スキルの基本的な考え方は，13のプロセスから成るSAPAに
よって代表され，湊（1978）はその中の1つの「データ解釈」を，「①データ
の表やグラフに示された情報を短い文で説明する．②データの表，グラフ，写
真に示されている情報から，一つ以上の推論や仮説を作る．③ある種のデータ
を，平均，中間値，幅を用いて説明する．この情報から予測，推論，仮説を作
る．④直線と非直線の関係を区別する．⑤グラフの勾配の意味する情報を説明
する．⑥直線のグラフの勾配を見つける方法を応用する．⑦3次元のグラフの
中の点の座標を言う．⑧与えられた三つのデータから，3次元のグラフを作る．」
と定義し，「グラフ解釈」は「データ解釈」の中に含まれている．このため，本
研究での「グラフ解釈」は上記①と②のみ，「データ解釈」は，上記①〜⑧の
すべてとする．（☜本文中の上付き文字(1)に対応させて，注(1)で本研究における
「グラフ解釈」と「データ解釈」のそれぞれについて，用語の範囲を限定している）

例2)

　「石井俊行・寺窪佑騎（2018）：水溶液濃度計算におけるつまずきの要
因分析と学習指導法の検討〜小学校からの教科横断型カリキュラム・マ
ネジメント〜，科学教育研究，日本科学教育学会，42(1)，25-36.」の「本
文」と「注」を抜粋し，以下に説明します．

その結果，水溶液濃度計算に関する問題を解決する際に，どのような知識・技能が不足してつまずいているのかが習熟度別[1]に明らかになったので報告する．（☞本文中の「習熟度別」に上付き文字の(1)がついている）

注(1)　ここでの習熟度別とは，後に説明する，「総合問題」「中位問題」(問1)(問2)「下位問題」(問1)(問2)の正誤の組合せで，生徒をⅠ〜Ⅵの6グループに分類したものを指す．（☞本文中の上付き文字(1)に対応させて，注(1)で「習熟度別」の用語の範囲を限定している）

10.5　読者の思い違いを回避したいときの事例

例1)

「石井俊行・寺窪佑騎（2018）：水溶液濃度計算におけるつまずきの要因分析と学習指導法の検討〜小学校からの教科横断型カリキュラム・マネジメント〜，科学教育研究，日本科学教育学会, 42(1), 25-36.」の「本文」と「注」を抜粋し，以下に説明します．

表3のタイトルを，「グループⅠ〜Ⅵの各テストの正誤とその該当者数（人）[3]」とした．（☞表のタイトルに上付き文字(3)をつけている）

注(3)　表3の問題の書かれる順番が「総合問題」→「中位問題（問1）」→「中位問題（問2）」→「下位問題（問1）」→「下位問題（問2）」ではなく，「総合問題」→「中位問題（問2）」→「中位問題（問1）」→「下位問題（問2）」→「下位問題（問1）」となっている理由は，「中位問題（問1）」でまず食塩の質量を求め，その値をもとに「中位問題（問2）」で食塩水の質量を求めるため，基本的に「中位問題（問1）」に正答するよりも「中位問題（問2）」に正答する方が難しいと判断したためである．［後略］（☞表のタイトルの上付き文字(3)に対応させて，注(3)で表記がそのようになっている理由を説明し，読者の思い違いを回避している）

例 2)

　「石井俊行・大歳愛海（2019）：類推による問題解決能力を活かした理科学習指導法の検討〜グラフ・データ解釈を向上させるために〜，科学教育研究，日本科学教育学会，43(3)，244-252.」の「本文」と「注」を抜粋し，以下に説明します．

　「理→類群」において，まず理科テストの「上位問題」だけを記したペーパーテストを配布して解答させて回収した．次に，理科テストの「中位問題」だけを記したペーパーテストを配布して解答させて回収した．次に，理科テストの「下位問題」だけを記したペーパーテストを配布して解答させて回収した[(3)]．（☞本文中に上付き文字(3)がついている）

　注(3)　「上位問題」「中位問題」「下位問題」のテスト実施後，その都度テストを回収したのは，後続のテストが先のテストのヒントとなっている構造上，ヒントを得て先のテストを修正してしまうと生徒の能力を正確に把握することができないためである．（☞本文中の上付き文字(3)に対応させて，注(3)で一般的な手法とは違う理由を説明し，読者の思い違いを回避している）

10.6　筆者の考えを補足したいときの事例

例 1)

　「石井俊行・岡本智子・柿沼宏充（2020）：小学 4 年『ものの温度と体積』に粒子モデルを導入することの効果〜電子レンジで粒の動きと温度の関係に着目させて〜，科学教育研究，日本科学教育学会，44(3)，168-179.」の「本文」と「注」を抜粋し，以下に説明します．

　「電子レンジによる指導」では，「電子レンジでビーカーに入った水を温めるとどうなるか」と尋ね，「温かくなる」という返答をもとに，電子レンジで常温であった水がお湯になることを演示した．次に，温かくなった理由について，「電子レンジはマイクロ波により，粒に動けと命令を出していること」[(3)]を説明し，水

の粒を強制的に激しく動かすことで粒同士がぶつかり合って水温が上昇し，それにともなって体積も増えることを言葉で説明した．（☜**本文中に上付き文字(3)がついている**）

注(3)　電子レンジはマイクロ波の電場が振動することによって，極性分子である粒（水分子）がそれに合わせて回転することで温度が上昇する（江馬，2006：30）．すなわち，電子レンジのマイクロ波によって水分子が強制的に回転させられることで，温度が上昇する．この仕組みについて，「電子レンジはマイクロ波により，粒に動けと命令を出している」と，発達段階に応じた簡易な表現で説明をした．（☜**本文中の上付き文字(3)に対応させて，電子レンジの仕組みを発達段階に応じた表現にした筆者の考えを補足している**）

例2)

「石井俊行・岡本智子・柿沼宏充（2020）：小学4年『ものの温度と体積』に粒子モデルを導入することの効果〜電子レンジで粒の動きと温度の関係に着目させて〜，科学教育研究，日本科学教育学会，44(3)，168-179.」の「本文」と「注」を抜粋し，以下に説明します．

　　両群において，「水」「空気」「金属」の順(1)に8時間の授業時間を使って行った．なお，どのような内容の学習を実施したのかを表1に示す．（☜**本文中に上付き文字(1)がついている**）

注(1)　平成29年版小学校学習指導要領では，「金属，水，空気と温度」では，金属，水，空気の順で学習することになっている．また，状態変化の順序を踏まえれば，固体・液体・気体の順序で指導するのが望ましいと考える．しかし，本研究では，「電子レンジによる指導」を導入する都合上，電子レンジでの温めが可能な液体の水から学習を始め，空気，金属の順と進めた．（☜**本文中の上付き文字(1)に対応させて，注(1)で本来の学習順序とは違う学習をさせた筆者の考えを補足している**）

10.7　内容に関して補足したいときの事例

例 1）

　「石井俊行・大蔵愛海（2019）：類推による問題解決能力を活かした 理科学習指導法の検討〜グラフ・データ解釈を向上させるために〜，科学教育研究，日本科学教育学会，43(3)，244-252.」の「本文」と「注」を抜粋し，以下に説明します．

　そこで，本研究では「比例し途中から一定になるグラフ」の理科問題を，「$CaCO_3$ と HCl の化学反応における $CaCO_3$ の量と CO_2 の量の関係」に設定し[2]，理科問題「$CaCO_3$ と HCl で CO_2 を発生させる」を解決させる際に，先行してその内容に類似した身近な類推問題を解かせることにより，この問題におけるグラフ解釈やデータ解釈が促進され，問題解決がし易くなるのかを検証したいと考え調査を行った．（☞**本文中に上付き文字[2]がついている**）

注(2)　「比例し途中から一定になるグラフ」を「$CaCO_3$ と HCl の化学反応における $CaCO_3$ の量と CO_2 の量の関係」に設定した理由は，他に挙げた化学反応に比べ，以下の難点がなく，かつ中学生が問題を解く際に計算しやすい数値におさまる問題として成立するためである．「Cu の酸化における Cu の量と CuO の量の関係」では，Cu の量は調整し易いものの，O_2 の量を調整することが難しく，「Fe と S の化合における Fe の量と FeS の量の関係」では，FeS と未反応の Fe が混合物として固まり，FeS のみの量を測定することは難しい．また，「Mg と HCl の化学反応における Mg の量と H_2 の量の関係」では，Mg と HCl の量はそれぞれに調整し易いものの，Mg の量が僅かでも多量の H_2 が発生するため危険で，かつ Mg の量が 1 以下の小数となり，生徒が計算を間違え誤答する可能性が高い．さらに，「H_2SO_4 と $Ba(OH)_2$ の中和反応における H_2SO_4 の量と $BaSO_4$ の量の関係」では，H_2SO_4 と $Ba(OH)_2$ の量は水溶液であるため，その量は調整できるものの，$BaSO_4$ の量を測定するには水溶液中から沈澱物を取り出して乾燥させなくてはならない．（☞**本文中の上付き文字[2]に対応させて，注(2)でこの化学反応に設定した理由を補足している**）

例 2)

「石井俊行・大蔵愛海（2019）：類推による問題解決能力を活かした 理科学習指導法の検討〜グラフ・データ解釈を向上させるために〜，科学教育研究，日本科学教育学会，43(3)，244-252.」の「本文」と「注」を抜粋し，以下に説明します．

　「比例し途中から一定になるグラフ」の理科問題に対して適切に場面認識をして問題が解決できる生徒が増えるよう（手続き的知識を自ら見出し切れない生徒もいることを踏まえ），教師はその内容に類似した身近な類推問題(5)を積極的に取り上げ，生徒が類推による問題解決ができるように図っていくべきである．（☜本文中に上付き文字(5)がついている）

　注(5)　本研究では，類推問題を「ココアの粉と牛乳でココアミルクを作成する」に設定したが，他に「りんご 2 個とみかん 3 個で 1 つの盛り籠を作るときに，りんご 10 個とみかん 12 個では盛り籠は最大いくつでき，どちらの果物が何個余るのか.」の設定も考えられる．（☜本文中の上付き文字(5)に対応させて，注(5)で本研究とは別の類推問題の設定も考えられることを補足している）

第11章 「アブストラクト（要約）」（Abstract）

11.1 「アブストラクト」に書くこと

　「アブストラクト」は，あなたの「学術論文」の概要を300〜400文字程度（投稿規定によって変わる）にまとめたものです．「卒業論文」や「修士論文」では，A4版の用紙1枚に納めることが多いと思います．

　「学術論文」では，「アブストラクト」の下に，その「論文」で重要となる「キーワード」が3〜5個並べられます．この3〜5個の「キーワード」を何にするのかも考えておきましょう．

　「学術論文」では，「アブストラクト」は「論文」の1頁目の「タイトル」，「著者名」のすぐ下に位置し，「タイトル」とともにすぐに読めるように配されています．その理由は，その「論文」が読者が探し求めている「論文」であるのかどうかを，短い時間で判別できるようにするためです．

　逆の言い方をすれば，読者に読む価値のある「論文」であるか否か，ここで判断されてしまいます．

　仮に「キーワード」の検索で，あなたの「論文」が「タイトル」からヒットした（引っ掛かった）としましょう．読者はあなたの「論文」の中身を早く知りたいがために，「アブストラクト」を真っ先に読みます．そのことに応えられるように，「アブストラクト」を作成しておきましょう．

　また，「アブストラクト」の中に，難解な用語があると読者は読む気が失せます．じっくりと本文を読めば「注」などで，その説明がなされているかもしれません．しかし，あなたは，読者が途中で読むのをやめてしまうような事態をまねくことは避けるべきです．読者層を考え，難解な用語の使用ついても考えていきましょう．

　では，この「アブストラクト」では，何を書けばよいのでしょうか．それは，「何の問題を」，「何を対象に」，「どのような着眼点で」，「何を明らかにしたのか」を短い文章でまとめておくことです．

　「研究を行う意義や理由」については，「はじめに（序論）」を読めばわかります．「アブストラクト」は，ただでさえ文字数が制限されていますので，「研究を行う意義や理由」よりも，むしろ「研究の目的」や「その結果，何が明らかになったのか」を中心に書いていくべきです．

　5.1 で説明しましたように，私は「結論（おわりに）」の部分を「目的」，「方法」，「結果」，「考察」に，さらに「結論」も加えて書き上げています．このため，「結論（おわりに）」の章の文章を活かし，それを要約することで，「アブストラクト」を作成しています．

11.2　「アブストラクト（要約）」の大まかな流れ

　以下に，「アブストラクト（要約）」の章の大まかな流れを示します．

　「アブストラクト（要約）」の章は，「結論（おわりに）」の章と似ており，極論を言えば，「結論（おわりに）」をさらに要約することで完成させることができます．ただし，「アブストラクト（要約）」は文字数が制限されていますので，その点を考慮して完結にまとめていかなければなりません．

　まず，①本研究の目的について言及します．
　この箇所は「結論（おわりに）」の章の冒頭と同じ文章ですので，そのまま活かします．ここでの文言は，たとえば，
　「本研究の目的は，○○において，△△は□□することを明らかにすること（有効なのかを検証すること）にあった．」などとなります．

　次に，②本研究の結果（成果）について言及します．さらに，そのよう

な結果（成果）が得られた理由等について言及することもあります．

　この箇所は「結論（おわりに）」の文章を活かし，さらに要約して完成させていきます．

　箇条書きのように書くのであれば，ここでの文言は，たとえば，

「その結果，以下のことが明らかになった．

1)　○○は△△である．（それは○○（の理由）であると考えられる）．

2)　□□は◎◎である．

3)　▽▽は☆☆である．」

　あるいは，箇条書きではなく，続けて書いていくならば

「その結果，◎◎が明らかになった（認められた）．また，○○が明らかになった（認められた）．（それは○○（の理由）であると考えられる．）」

などとなります．

　最後に，③結論の「一言」を述べます．

　この箇所も「結論（おわりに）」と同じになりますので，すぐに完成させられます．

　ここでの文言は，たとえば，

「以上のことから，☆☆において，▽▽することは，◎◎できるために有効である．」などとなります．

　このように，「アブストラクト（要約）」は，「結論（おわりに）」で書いてきた文章と重複する部分が多くなります．うまく活用して効率よく完成させていきましょう．

11.3　「アブストラクト（要約）」の事例1

　「石井俊行・橋本美彦（2012）：中学生に"フェルマーの原理"を学習させることの有効性に関する研究，理科教育学研究，日本理科教育学会，52(3)，1-10.」の「要約」を抜粋し，以下に説明します．

〔要約〕
　本研究は，中学生に「フェルマーの原理」を学習させることの効果を明らか
にすることを目的に行った．（☞目的について再度振り返っている）その結果，以
下のことがわかった．
1)　「フェルマーの原理」を「光は最短時間の経路を通る」ということを考え方
　　の基底として学習させることは，中学生にとっては難解ではなく，学んだこと
　　に対して「おもしろい」と思い，「参考になった」と感じている生徒が多い．
　　（☞明らかになった事実1を述べている）
2)　「フェルマーの原理」を学ばせることは，特に「点から照射された光の屈
　　折」の場合の「空気中→水中」や「水中→空気中」の問題を解決する上で
　　効果的である．（☞明らかになった事実2を述べている）
3)　「フェルマーの原理」を学習した生徒の約30％は，「フェルマーの原理」を
　　根拠として，「光の屈折」という現象を捉えており，それらは必ずしも理科学
　　力が高い生徒ではない．（☞明らかになった事実3を述べている）
　　　これらのことにより，中学生に「フェルマーの原理」を学習させることは，
　　彼らに科学に関する基本的な概念の定着が図られる有効な1つの方法である
　　といえる．（☞最後に結論に言及している）

　このように，箇条書きにして書いていくことで，明らかになったこと
を確実に述べることができます．そして，最後に結論を述べるとよいで
しょう．

11.4　「アブストラクト（要約）」の事例2

　「石井俊行・橋本美彦（1995）：化学反応式を書く能力向上に関する研
究〜化学反応式の完成を阻害する要因の究明〜，日本理科教育学会研究
紀要，36(1)，7-16.」の「要約」を抜粋し，以下に説明します．

〔要約〕
　本研究は，中学生がうまく化学反応式を作成できない原因を解明することを
目的として調査した．（☞目的について再度振り返っている）その結果次の点が明

らかとなった.

　生徒が化学反応式を正しく完成するためには，その基礎として物質を化学式で表す能力を習得することが不可欠である.（☞明らかになった事実1を述べている）また，物質をモデル図で表す能力を習得することは，物質を構成する分子内の原子の結合をイメージさせるために大変重要である.（☞明らかになった事実2を述べている）さらに物質を化学式やモデル図で表す能力がありながら，化学反応式を化学式やモデル図を使って表せない生徒が多い.（☞明らかになった事実3を述べている）これは，化学反応に関与する物質の分子内の原子間の結合の切断や新たにできる結合を表す際に，原子の数や係数を合わせようとして化学式やモデル図を物質として存在しえないものにつくり変えてしまうためである.（☞事実3の要因について述べている）

　以上のことから，次の(1)～(4)の手順で指導すれば，化学反応式で化学変化を表す方法を生徒はより正確に理解することができると思われる.（☞本研究の知見から，指導の要点を4つ提言している）

(1)　物質を表す化学式を正確に覚えさせる.

(2)　物質を構成する分子内の原子の結合の様子をイメージさせる.

(3)　化学反応に関与する物質の分子内の原子間の結合が切れ，他の原子と結合して新たな化合物を形成する過程をモデルでとらえさせる.

(4)　化学反応に関与する物質の分子構造をモデルでイメージした通りに化学式で表現させる.

　なお，この11.4の事例2の「アブストラクト」と5.4の事例2の「おわりに」を比較することで，「アブストラクト」が「おわりに」を割愛することで，完成できることがご理解いただけるのではないでしょうか.また，最後にその知見を活かした提案についても述べることができます.

11.5　「アブストラクト（要約）」の事例3

　「石井俊行・田中智貴・吉岡照子（2020）：浮力の指導内容の違いが中学生の理解や意識に及ぼす影響～アルキメデスの原理の学習の効果～,次世代教員養成センター研究紀要,奈良教育大学,6,181-186.」の「要旨」を抜粋し，以下に説明します.

〔要旨〕

　本研究は中学校の浮力の授業において，指導内容の異なる授業を3クラスで実施して学習効果と意識の違いを比較した．（☞**方法と目的について再度振り返っている**）

　その結果，アルキメデスの原理を学習させて水に沈む物体にはたらく浮力のみならず，水に浮く物体にはたらく浮力の定量的な内容まで扱うことで，水に浮く物体にはたらく浮力の理解が有意に向上し（☞**明らかになった事実1を述べている**），またこの原理を学習した生徒よりも学習しなかった生徒の方が浮力の学習を難しく捉える傾向にあること（☞**明らかになった事実2を述べている**），さらに中学生は浮力の現象を水に沈む物体にはたらく力というよりも水に浮く物体にはたらく力とイメージしていることが明らかになった．（☞**明らかになった事実3を述べている**）

11.6　「アブストラクト（要約）」の事例4

　「石井俊行・内藤拓・伊東明彦（2020）：中学理科における電圧の理解を促進させるための水流モデルの検討〜モデルにおける水の循環の有無に着目して〜，次世代教員養成センター研究紀要，奈良教育大学，6，205-210．」の「要旨」を抜粋し，以下に説明します．

〔要旨〕

　本研究の目的は，「循環型水流モデル」を使用した実験群と「非循環型水流モデル」を使用した統制群とで，電流・電圧の理解を比較することで，中学生の理解を促進させるための水流モデルの型を検討することにあった．（☞**目的について再度振り返っている**）

　その結果，「循環型水流モデル」を使用した実験群は，「非循環型水流モデル」を使用した統制群に比べ，回路における電圧の理解が有意に高かった．特に，抵抗のない導線部分にかかる電圧の理解に有効であった（☞**明らかになったことを述べている**）「循環型水流モデル」は，「非循環型水流モデル」に比べ，ポンプ部分が付加されているため，各抵抗部分にかかる電圧の和が電源の電圧に等しいことを理解しやすい構造になっている．このことから，電気分野の学習では，

「循環型水流モデル」を使用し，電源の電圧が水流モデルにおける汲み上げた水の高さであることを強調し，電圧に関する理解を促進させていくべきである．
（☞ どのような指導を行うべきなのかを述べている）

このように，明らかになった知見をしっかりと述べていきましょう．

第12章 ▷ 「研究仮説」の見出し方 (How to Formulate a Hypothesis)

12.1 既存の「論文」にアイデアを組み込む

　私は，大学院時代に「研究仮説」を立てるために，多くの専門書を読みましたが，そこから「研究仮説」を立てることは難しいことを実感しました．

　専門書を読むことは，その専門分野の知識を増やす上ではよい行為なのですが，専門書をいくら読んでも「研究仮説」に至ることは稀だと私は思います．

　あなたが興味のある既存の「論文」を読んで，足りないと感じた箇所にあなたのアイデアを組み込んだり，違うアプローチをしたり，あるいは，その「論文」の手法を真似して違うジャンル（単元）で試してみるなどして，新たな知見が得られるように「研究仮説」を立てていくことです．

　特に，「実証的論文」では，どの事象（単元）を選択すれば，あなたの「研究仮説」の正当性が実証できる（有意差があることが統計学的検定からも認められる）かを，見極める力も必要になります．こちらの意図する結果が顕著に出やすい事象（単元）と，出にくい事象（単元）がどうしてもあるからです．それを見極める能力がセンスであり，どのようにアプローチするのかがアイデアだと私は思っています．

12.2 「論文」を分解するとその構成が理解できる

　「論文」とは突き詰めると，多くのパーツが組み合わされて化学反応を起こしたものともいえます．「論文」を因数分解のように分解してみますと，各パーツに分かれることがわかります．このことから，逆に何のパーツを組み合わせることで，面白い「論文」に仕上がるのかがわかってくるのではないでしょうか．

たとえば石井・大歳（2018）の「論文」では、「グラフ解釈・データ解釈」、「比例し途中から一定になるグラフ」、「材料と製品の関係とそれらの過不足」、「HCl と CaCO$_3$ の化学反応」、「HCl の量と CO$_2$ の量の関係」、「CaCO$_3$ の量と CO$_2$ の量の関係」、「ココアの粉の量と牛乳の量の関係」、「問題解決能力」、「ベース問題とターゲット問題」、「学習順序」、「類推問題」というように多くのパーツが組み合わされています．

12.3 「論文」の「研究仮説」を見出すヒント

あなたの研究で、「研究デザイン」がしっかりしていて、かつ統計学的検定で有意な差が認められれば、誰もその事実を覆すことはできません．

理科の「教科教育学」の事例にはなりますが、私が主著者で学術誌に載せてきた「論文」を 10 の型に分け、新たな「研究仮説」の見出し方について以下に説明します．

あなたの「研究仮説」を見出すヒントになれば幸いです．

12.3.1 学習順序の違いは理解に影響するのか？

あなたが授業をしていて、学習順序を逆にすることで理解が深まるのではないかと予想される単元はないでしょうか．

ここでは、学習順序の違いが理解に影響するのかを実証する「論文」を作成することになります．学習順序の違いで、子ども達の理解が変わると思われる教科や単元を見つけ、順序を変えて実施すればよいと思います．

たとえば、数学科であれば、図形を学習した後に座標の学習をさせた場合とその逆の順序で学習させた場合の理解の比較、あるいは国語科であれば文法を学習した後に短歌の学習をさせた場合とその逆の順序で学習させた場合の理解の比較をするといったケースです．結構、いろいろな教科や単元で考えられると思います．

「石井俊行・橋本美彦（2011）：分解と化合における子どものわかりやすさからみた学習の順序性とその指導法に関する提言、理科教育学研究、

日本理科教育学会，51 (3)，25-32.」を引用し，以下に説明します．

【研究仮説】

　学習指導要領の改訂の度に「分解」と「化合」を学習する順序は変わっ
てきたが，中学生は「化合」から「分解」へという順序で学習させた方が
「分解」から「化合」へという順序で学習させるよりも理解しやすい（石
井・橋本，2011）．

【研究デザイン】

　「化合」から「分解」へと学習順序をとるグループ A と，「分解」か
ら「化合」へと学習順序をとるグループ B の 2 つの群をつくり，学ぶ
ときにわかりやすい順序や生徒自身が学習した順序を尋ねたり，さら
に，$2H_2O \rightarrow 2H_2 + O_2$，と $2H_2 + O_2 \rightarrow 2H_2O$ では，どちらの方がわかり
やすいか等を尋ねたりする「意識調査」と，理解の度合いを知るための
「単元テスト」を実施して，グループ A とグループ B の結果を比較する
（石井・橋本，2011）．

【得られた知見】

　「生徒たちは，『分解』の学習と『化合』の学習のどちらを先に学習した
としても，理科学力の上位・中位・下位のいずれの群の生徒も，『化合』
の方がわかりやすいと思っていることがわかった．一方で，質量保存の
法則と定比例の法則を含めた『化学変化』の学習を一通り終えた時点で，
『分解』→『化合』と『化合』→『分解』の学習順序では，どちらの方
が理解しやすいかを聞いた結果，約 70 ％以上の生徒が，『化合』→『分
解』の順に学習した方がわかりやすいと回答し，特に下位群の生徒にその
傾向が強かった．その理由の多くは，『何かと何かが結びついて新しい何

かができる考え方がわかりやすいから』というものであった.

　特にここで注目すべきことは，『分解』→『化合』の順序で学習したのにもかかわらず，41 人中 26 人（63.4 ％）の生徒が，逆の『化合』から『分解』の順に学習したと思いこんでいたことである．しかも，『化学変化』を十分に理解していると考えられる上位群の生徒でさえも，『化合』→『分解』の順序で学習したと思いこんでいる生徒数が『分解』→『化合』の順序で学習したと正しく記憶していた生徒数と同数存在していることである．

　なぜそのように学習順序が逆に記憶されたのか．その理由は，ほとんどが『A の物質と B の物質から C という化合物ができたかがわかったから』や『化合は印象深い実験が多いから』といったものであった．このことは，仮に，『化学変化』の学習が『分解』→『化合』という順序で進められたとしても，生徒たちは，『化学変化』の学習を一通り終了すると，『A の物質と B の物質とが反応して C という化合物ができる』という足し算的な『化合』に似た構造に，『化学変化』という現象を再構成し直して理解しているために起こった結果と考えられる．また，併せて『分解』の実験よりも，『化合』の実験の方が光，熱，音などを発生し，印象深い実験が多いためであることが考えられる」（石井・橋本，2011）．

【解説】

　予想どおり，「化合」の方が「分解」よりもわかりやすいと中学生が思っていることを実証することができました．特に，「分解」から「化合」へと学習した生徒の 6 割以上が，「化合」から「分解」へと逆の順序で学習したと記憶していたことが明らかになりました（石井・橋本，2011）．

　このような回答になるのではないかと想定はしていたのですが，それが断定できるような調査項目にしておいたので，このことを実証することができ，これが本研究の「ウリ」となりました．

実施前にいろいろと想定して，「調査問題」や「意識調査」がつくれるかどうかが重要な鍵です．実施前に，よく吟味しておきましょう．

12.3.2　新たな学習指導法には効果があるのか？

あなたは，新たな学習指導法を考案したことがあるのではないでしょうか．新たな教具でもかまいません．

ここでは，新たな学習指導法を行うことで，児童・生徒の理解が促進されることを実証する「論文」を作成することになります．

その学習指導法の指導の有無で統制群と実験群をつくり，両群間で児童・生徒の理解の状況に違いが生じるのかを，同一時間内で授業を行って「調査問題」，「意識調査」の結果を比較していきます．

いろいろな教科や単元で，新たな学習指導法の効果を確かめることができると思います．

（事例1）

「石井俊行・八朝陸・伊東明彦（2016）：小学校理科に電圧概念を導入することの効果〜電気学習の新たな試み〜，科学教育研究，日本科学教育学会，40(2)，222-233.」を引用し，以下に説明します．

【研究仮説】

小学4年「乾電池のつなぎ方」に，水流モデルを用いて，水流の落差（電圧）が大きいほど水車が勢いよく回転する（豆電球が明るく点灯する）という電圧概念を教えることは，従来の電圧を教えない学習指導法に比べ電気学習の理解が促進される（石井・八朝・伊東，2016）．

【研究デザイン】

統制群には従来の授業を，実験群にはその従来の授業に加え，水流モデルを用いた電圧概念を導入する授業を実施する．「回路の理解を評価する問題」をプレテスト，ポストテスト，1ケ月後，3ケ月後のフォローアップテストで実施し，その結果を比較する．併せて「意識調査」もポストテストの後に実施する（石井・八朝・伊東，2016）．

このような指導の工夫により，小学生にも電圧概念をある程度理解させることができるものと考える．

【得られた知見】

「本研究では，教師が，児童に電気の流れを水の流れに例えると電圧は水面の高さのようなものだと強調し，そのイメージをもたせるために，"乾電池の直列つなぎは，乾電池を縦に積み上げていくこと"，"乾電池の並列つなぎは，乾電池を横に並べて置くこと"，という指導を行った．

その結果，電圧概念を導入した授業を行うことによって，実験群の平均値はポストテスト，1ケ月後，3ケ月後のフォローアップテストにおいても統制群に比べ有意に高く，長期にわたる学習の定着が認められた．［中略］

また，電流や乾電池のはたらきについての自由記述の問いに対して，実験群は統制群に比べ，科学的な回答が多いことが明らかとなった」（石井・八朝・伊東，2016）．

【解説】

現在の小学校学習指導要領では，電流概念のみで電圧概念は扱わないことになっています．このため，従来の指導（統制群の指導）では，小学4年「乾電池のつなぎ方」では，豆電球は乾電池の直列つなぎでは明るく

なり，乾電池の並列つなぎでは明るさは変わらないことについて，単に結果を暗記するしかありません．しかし，水流モデルでの高さ（落差）に着目させ，"乾電池の直列つなぎは，乾電池を縦に積み上げていくために高さが高くなっていくこと（図12-1）"，"乾電池の並列つなぎは，乾電池を横に並べて置くために高さは変わらないこと（図12-2）" と指導することで，電気回路に関する理解が促進されることが実証されました（石井・八朝・伊東，2016）．

理科ではイメージが特に重要ですので，このような取り組みをどんどん増やしていければと思います．

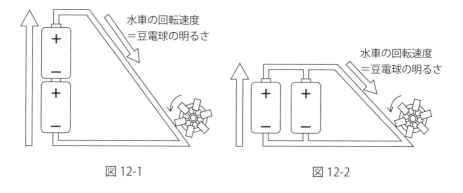

図 12-1　　　　　　　　　　　図 12-2

（事例2）

「石井俊行・岡本智子・柿沼宏充（2020）：小学4年『ものの温度と体積』に粒子モデルを導入することの効果〜電子レンジで粒の動きと温度の関係に着目させて〜，科学教育研究，日本科学教育学会，44(3)，168-179.」を引用し，以下に説明します．

【研究仮説】

小学 4 年「ものの温度と体積」の単元に，「発泡スチロール球による指導」と電子レンジの器具の原理を知らせる「電子レンジによる指導」を行うことで，児童は熱膨張の現象を粒の熱運動で捉えることができる（石井・岡本・柿沼，2020）．

【研究デザイン】

まず「水」の場合，統制群には従来の授業を行い，実験群には「発泡スチロール球による指導」と電子レンジの器具の原理を知らせる「電子レンジによる指導（アニメーションを含む）」を導入する．「空気」，「金属」の場合にも，「水」と同様に実験後アニメーションを使って説明する．そして，「評価問題」をポストテストで実施し，その結果を比較する．併せて「意識調査」も実施する（石井・岡本・柿沼，2020）．

【得られた知見】

「通常の授業を受けた児童（統制群）は，『水』『空気』『金属』の学習を終えても誤概念から脱却できず，依然として誤概念を持ち続けたままであった．

一方，『発泡スチロール球による指導』と『電子レンジによる指導』を導入した実験群の児童は，『水』の実験後には 8 割以上が『水』の熱膨張を粒の熱運動で捉えることができた．また，この捉え方は次時の『空気』『金属』の予想の段階でも転移し，実験後のテストでも 8 割以上の児童が『空気』『金属』の熱膨張を粒の熱運動で捉え，テストにおける『水』『空気』『金属』の問②のすべてで有意な差があることが認められた」（石井・岡本・柿沼，2020）．

【解説】

現在の小学校理科では，「『空気』，『水』，及び『金属』を温めると，なぜ体積が膨張するのか」については，結果のみを暗記し，その原理には踏み込みません．このため，児童は"熱膨張は，中の粒の数が増えたり，粒の大きさが大きくなったりして起こる"，といった誤概念をもち続けることが多いもので，このことも今回実証することができました．また，発泡スチロール球の粒の動きが激しくなると体積が大きくなることを実際に見せるとともに，多くの家庭に普及している「電子レンジ」の調理器具に着目し，電子レンジの器具の原理（電子レンジはマイクロ波により，粒に動けと命令を出していること）を知らせることで，「粒の動きが激しくなること」，「温度が高くなること」，及び「体積が大きくなること」の関係性が理解でき，「物の温度が上昇すると，体積が大きくなることを粒の熱運動で捉えさせられるのではないか」という仮説のもと指導を行ったところ，実験群の児童は，「水」の実験後には8割以上が「水」の熱膨張を粒の熱運動で捉えることができました（石井・岡本・柿沼，2020）．

以上の2つの事例のように，新しい指導を加えることにより，ただ結果を暗記するような従来の小学校理科の指導に，風穴をあけられる「論文」に仕上がったと思います．

難し過ぎず，ちょっと子ども達を背伸びさせることで，子ども達の合点がいく，そしてその後の学習にもよい影響をもたらす学習指導法を，現場は求めています．

12.3.3 新たに開発した教具（教材）を紹介するには？

あなたは，新たな教具（教材）を開発したことはないでしょうか．

ここでは，その教具が「どのようなものであるのか」，「どのような点が優れていて，どのような利点があるのか」を記す「論文」を作成することになります．

　「石井俊行・髙井成泰・森本弘一（2018）：物体と平面鏡に映る虚像の位置関係を捉えさせる教具の開発〜ハーフミラーを導入した光の反射実験〜，物理教育，日本物理教育学会，66(2)．87-92.」を引用し，以下に説明します．

【研究仮説】

　中学 1 年の光の「反射の法則」の学習では，「物体 A の虚像が平面鏡を対称軸とした際の物体 A に対称な点 B に存在するということを前提に指導が行われている」（石井・髙井・森本，2018）が，本教具を使用することで，「平面鏡に映る物体 A の虚像が点 B に存在するのかどうかといった疑問をもつ生徒」（石井・髙井・森本，2018）も納得することができる．

【研究デザイン】

　実験教材の作成の方法とその使い方について，生徒に説明するとともに，本教材に関する意識調査の，「設問(1)の『鏡を全部取りのぞくと，鏡にうつっていた像は見えなくなり，どのようなものが見えましたか．』の回答（複数回答）」（石井・髙井・森本，2018）と，「設問(2)の『この実験から，先生が君たちに気がついて（理解して）ほしかったことは何だったと思いますか．』の回答（複数回答）」（石井・髙井・森本，2018）を分析し，生徒の本教具に対する意識を把握する．

【得られた知見】

　「授業後の本教材に関する意識調査から，(1)『物体 A の虚像と同じものが B の位置にあること』に 31 件（79.4 %），意識調査(2)『鏡から物体までの距離と鏡から像（刺した球）までの距離が等しい』に 16 件（57.0 %）

の回答が得られた．

この意識調査の結果から，光の反射での作図の際に，物体Aの虚像が平面鏡を対称軸とした際の物体Aに対称な点Bに存在し，かつ平面鏡から物体Aまでの最短距離と平面鏡から物体Aの虚像（物体B）までの最短距離が等しいことを実感させるのに本教具は一定の効果があることが期待できると考える」（石井・髙井・森本，2018）．

【解説】

理科のみならず，他の教科でも新たな教具（教材）を開発することがあると思います．新たな教具に関する「論文」は，その教具の製作の仕方やその使い方，及びそれを使用することの利点について，しっかりと読者に伝わるように書いていきましょう．共感が得られれば，その教具を授業で使ってもらえる確率は高くなると思います．

また，併せて，その教具の有効性を実証する「論文」に仕上げるには，12.3.2の「新たな学習指導法には効果があるのか？」で説明しましたように，同様の構図で2つの群（統制群，実験群）を設けて，教具を使用しないクラスを統制群，使用するクラスを実験群とし，理解等の違いをテストで比較していくことも考えられます．

12.3.4 つまずきの要因は何なのか？

子ども達がつまずく要因については，あまりわかっていません．教師の経験値に基づいたものが多く，そのつまずきの要因を科学的に実証したものは，未だ少ないのが現状です．

つまずきの要因が明らかになれば，それを踏まえた授業を児童・生徒に実践していくことが可能となります．ここでは，つまずきの要因について統計学的検定を用いて導き出し，そのことを考察した「論文」を作成することになります．

「石井俊行・寺窪佑騎（2018）：水溶液濃度計算におけるつまずきの要因分析と学習指導法の検討～小学校からの教科横断型カリキュラム・マネジメント～，科学教育研究，日本科学教育学会，42(1)，25-36.」を引用し，以下に説明します．

【問い】

小・中学生は水溶液濃度計算に関する問題を解決する際に，どのような知識・技能が不足していてつまずいているのか（石井・寺窪，2018）．

ここでは，つまずきの要因を特定していくため，「問い」とその答えとを合体させた「研究仮説」とするのではなく，「問い」のままにしています．

【研究デザイン】

水溶液の濃度計算における，「総合問題」，「中位問題」，「下位問題」の正誤から，児童・生徒をいくつかのグループに分け，これらのグループ間での「知識・技能」，「意識調査」の正答者数と誤答者数を分析し，つまずきの要因を特定する（石井・寺窪，2018）．

【得られた知見】

「生徒が水溶液濃度計算に関する問題を解決する際につまずく要因は，『食塩水の構造』『溶液の構造』『食塩水の濃度の公式』『濃度の公式』『百分率から小数への変換』『百分率の計算』『方程式の計算』『濃度の公式の変形』の知識・技能の不足によるものであることが明らかになった．［中略］理科と数学の教師が連携指導を行うことにより，『正の学習の転移』が生じ，多くの生徒が苦手とする水溶液濃度計算に関する理解が促進できるものと考える．

以上のことから，本研究で明らかにした水溶液濃度計算におけるつまず

きの要因を，小学校の理科や算数の学習内容から掘り下げた『カリキュラム・マネジメント』の視点をもって解消していくことで，生徒は水溶液濃度計算に関する問題が解決できると考える」（石井・寺窪，2018）．

【解説】

　ある分野のつまずきの要因を特定するために，「総合問題」，「中位問題」，「下位問題」の３段階のテストを実施し，解答の状況から児童・生徒をいくつかのグループに分け，それらのグループ間での「知識・技能」，「意識調査」の正答者数・誤答者数を，フィッシャーの正確確率検定で分析することで，何の知識・技能が欠落していて，次の段階に進むことができなかったのかが判明し，つまずき（押さえておくべき知識・技能）を特定することができます．

　この結果を踏まえ，教師がどこを押さえて授業を行っていけばよいのかがわかります．それをご自身が行いたい教科や単元で行えばよいと思います．特にステップのある学習内容には，有効な方法だと考えます．

12.3.5　類推的事象を取り上げることの効果は？

　あなたの教科の中には，ターゲット問題の解決に対して，解法の似た事象を例に挙げることにより，生徒が問題を解決しやすくなるのではないかと思われる単元があるのではないでしょうか．

　似たような事象（類推問題）を先に取り組ませることで，後に行ったターゲット問題（自分が向上して欲しいと願う問題）がうまく解決できるようになるものです．ここでは，このことを実証する「論文」となります．

　「石井俊行・大歳愛海（2019）：類推による問題解決能力を活かした 理科学習指導法の検討〜グラフ・データ解釈を向上させるために〜，科学教育研究，日本科学教育学会，43(3)，244-252．」を引用し，以下に説明します．

【研究仮説】

「$CaCO_3$ と HCl で CO_2 を発生させる」におけるグラフ（HCl の量を x 軸に，CO_2 の発生量を y 軸にとった場合に，最初のうちは比例し途中から一定になるグラフ）に関する理科問題の正答率が低い．内容の類似する「ココアの粉と牛乳で規定の濃さのココアミルクを作成する」の類推問題を先に解かせることで，後続の理科問題の正答率が高まる（石井・大歳，2019）．

【研究デザイン】

理科テスト，類推テストともに，問題の難易度によって 3 段階の問題（「上位問題」，「中位問題」，「下位問題」）を設定し，意識調査も作成する．4 クラス中，2 クラスに，理科テスト → 類推テスト → 意識調査の順で解かせるグループ［以下「理→類群」と示す］と，残りの 2 クラスを類推テスト → 理科テスト → 意識調査の順で解かせるグループ［以下「類→理群」と示す］に分け，3 段階の問題（「上位問題」，「中位問題」，「下位問題」）と「意識調査」を実施し，両群の結果を比較する（石井・大歳，2019）．

【得られた知見】

「理科テストの各問いにおいて，『類→理群』の方が『理→類群』に比べ，正答できた生徒数が誤答した生徒数に比べ有意に多いことが明らかになった．このことは，意図的な指導でないにもかかわらず，先行して類推テストを実施することで正の学習の転移が生じ，理科問題を解決する能力が高まったものと考える．本研究ではテストの実施順序を変えただけであったが，仮に教師が意図的にイメージし易い身近な事例を取り上げて説明すれば，推論スキーマが事前に形成され，理科における『比例し途中か

ら一定になるグラフ』の示す意味の理解も深まり，問題を解決できる生徒がさらに増える可能性がある」（石井・大蔵，2019）．

【解説】

テストの順序を入れ替えただけなのですが，両群間に有意な差が認められました．この結果から無意図的な指導を生徒にするのではなく，意図的な指導を行うことで，グラフの意味の理解も深まり，問題を解決できる生徒がさらに増える可能性があることに触れました．調査結果から，ターゲット問題である理科問題の解決を促進させていくには，教師の引き出しの多さとともに，それを効果的に提示していくことの必要性が実証されました（石井・大蔵，2019）．

12.3.6　学習内容の違いで理解は変わるのか？

あなたは，年度によって（あるいはクラスによって）学習内容を変えて授業を行うことがあるのではないでしょうか．ここでは，学習内容をどこまで教えることが児童・生徒にとって有効なのかを明らかにする「論文」を作成することになります．

同一時間内で授業を実施し，理解の度合いを比較すれば実証できます．

たとえば，数学科であれば，三角形の相似の学習を単独で指導するクラスと，その学習にさらに座標の学習を組み込んで指導するクラスの両者の理解の状況を比較すればよいと思います．いろいろな単元でも考えられると思います．

石井俊行・田中智貴・吉岡照子（2020）：浮力の指導内容の違いが中学生の理解や意識に及ぼす影響〜アルキメデスの原理の学習の効果〜，次世代教員養成センター研究紀要，奈良教育大学，6，181-186.」を引用し，以下に説明します．

【研究仮説】

　浮力の授業内容には，水に沈む物体にはたらく浮力は水に沈む部分の体積が大きくなるにつれて大きくなっていくといった定性的な内容に留める学習法 A，アルキメデスの原理を学習させて水に沈む物体にはたらく浮力を定量的に扱う学習法 B，及びアルキメデスの原理を学習させて水に沈む物体と水に浮く物体の両方にはたらく浮力を定量的に扱う学習法 C がある．学習法 C が中学生にとって 1 番浮力の理解を深める方法である（石井・田中・吉岡，2020）．

【研究デザイン】

　1 人の中学校教員が受けもつ 3 クラスを，学習内容の異なる学習法 A，B，C をそれぞれのクラスに割り当て，それらの学習法の授業を実践し，3 クラスの「理解テスト」と「意識調査」の結果を比較する（石井・田中・吉岡，2020）．

【得られた知見】

　「アルキメデスの原理を学習させて水に沈む物体にはたらく浮力のみならず，水に浮く物体にはたらく浮力の定量的な内容まで扱うことで，水に浮く物体にはたらく浮力の理解が有意に向上し，またこの原理を学習した生徒よりも学習しなかった生徒の方が浮力の学習を難しく捉える傾向にあること，さらに中学生は浮力の現象を水に沈む物体にはたらく力というよりも水に浮く物体にはたらく力とイメージしていることが明らかになった」（石井・田中・吉岡，2020）．

【解説】

　中学校理科教員にとって，浮力ほど扱う内容に違いのある単元はないと思います．中学生にとっては，アルキメデスの原理を学習させて水に沈む物体と水に浮く物体の両方にはたらく浮力を定量的に扱う学習法Ｃが1番わかりやすいのではないかと予想されます．しかし，同一時間の学習状況下での比較となると，アルキメデスの原理を短時間に理解できるかどうかは，調査を実施してみないとわかりません．1番よくわかる学習内容は，学習法Ａ～Ｃのうちのどれなのかを明らかにしたいと考え，本調査を実施した次第です（石井・田中・吉岡，2020）．

　特に，中学生は浮力の現象を水に沈む物体にはたらく力というよりも，船や浮き輪などのように水に浮く物体にはたらく力というイメージをもっていることが本研究でも明らかになりましたので，そのイメージに合致させるためにも，水に浮く物体にはたらく浮力については積極的に扱っていくべきであると考えます（石井・田中・吉岡，2020）．

　本研究が終了した後は，指導時間をあまり気にする必要はありません．水に浮く物体に関する浮力も扱って，アルキメデスの原理は，水に浮く物体も，沈む物体も同様に適用できることを理解させ，中学生の浮力に対するイメージと合致した授業にしていくとよいと考えます．

12.3.7　教科横断的な指導には効果があるのか？

　あなたの担当する教科の理解を深めるために，他教科の学習を教科横断的に扱うことで，理解が促進される単元があるのではないでしょうか．

　ここでは，他教科から何らかの手だてを行うことで，ターゲット問題の解決が促進されるのかを実証する「論文」を作成することになります．

　たとえば，数学科の「相似の学習」と「凸レンズの物体の大きさと像の大きさの関係」との比較もできますし，2.4で説明しましたように，教科をコラボさせることで，教科の理解の状況を見取るというように，結構いろいろと考えられると思います．

石井俊行・箕輪明寛・橋本美彦（1996）：数学と理科との関連を図った指導に関する研究～文脈依存性を克服した指導への提言～，科学教育研究，日本科学教育学会，20(4)，213-220.」を引用し，以下に説明します．

【研究仮説】

解法に共通性のある理科問題（地震波における P 波と S 波を用いたグラフ問題）と数学問題（$y = ax$ と $y = bx$ の 2 つの比例のグラフに関する問題）の 2 種類のテストを同一生徒に実施し，その結果を比較することで文脈依存性（自らの教科の解法等に縛られてしまうということ）があることと，学習の転移が起こる過程が明確になる（石井・箕輪・橋本，1996）．

【研究デザイン】

解法が共通する理科問題（地震波における P 波と S 波のグラフ問題）と数学問題（$y = ax$ と $y = bx$ の 2 つの比例のグラフに関する問題）の 2 種類のテストを作成し，同一生徒に実施する．それらの解法を分析し，理科と数学の関連性を重視した指導の可能性を検討する（石井・箕輪・橋本，1996）．

【得られた知見】

「かなりの生徒は数学の文脈で提示すると，数学の授業で学んだ解き方をし，また，理科の学習内容に限定した問題として提示された場合，理科の授業で学んだ解き方で解いていくことがわかった．この原因の一つは，各教科の担当教師が自らの専門性にとらわれ，他教科の学習内容の研究や他教科の担当教師との連携を怠ってきたことがあげられよう．

また，数学テストにつまずいた生徒に対して，教師が理科の授業で学ん

だ解き方が生かされる手だてを行うと，学習の転移が起きやすいことがわかった．

　さらに，生徒の意識調査の結果から，数学と理科で同じような問題と気づきながらも，文脈依存性によって学習の転移が起きにくい生徒が存在した．しかし，数学と理科で同じような問題であったと気づいた生徒も多く，両教科における学習の転移の起こる可能性が高いこともわかった」（石井・箕輪・橋本，1996）．

【解説】

　本研究の結果から，文脈依存性があることが明らかになりました．また，解法の共通性から「数学テスト」を解くに当たって，理科の地震波の性質に関する手だてを，徐々にヒントとして生徒に与えていくことで，生徒は文脈依存性を克服しながら，「数学テスト」に正答していく過程を見取ることができました．一方で，教育課程にもとづいた指導をしていくと，理科の学習に必要な数学の学習内容が未履修のため，理科の授業で数学の知識を生徒に教えなくてはならない場面がでてくることが，学習内容と学習時期の関係を表にまとめることで明らかになりました（石井・箕輪・橋本，1996）．

　教科横断的に学習を進めることで，未知の問題に遭遇しても解決することができる汎用性のある能力を児童・生徒に身につけさせていければと思います．この考え方は，平成29年告示の小・中学校学習指導要領における「カリキュラム・マネジメント」にもつながるものと考えます．

12.3.8　慣例的な学習指導法は効果的なのか？

　あなたは，慣例的に行われている指導法に，疑問をもったことはないでしょうか．

　ここでは，一般に慣例的に行われている学習指導法が本当に効果的なのか，あるいはその指導法には何か問題点はないのかについて確認する「論

文」を作成することになります．

　条件をいろいろと変えて，児童・生徒の理解状況を比較することで，効果的な方法なのか等を明らかにすることができます．

　2 つの群の平均値の差の比較では，「t 検定」が使えますが，3 つの群以上の平均値の差の比較には，「分散分析法」を用いることになります．

　「石井俊行・林拓磨（2015）：単位の次元に着目させる理科学習指導法の効果とその問題点〜問題に対する正答率の向上を目指して〜，科学教育研究，日本科学教育学会，39(4)，335-346.」を引用し，以下に説明します．

【研究仮説】

　密度を例に挙げるならば，質量 [g] を求める際に [質量＝密度 × 体積] という公式の提示とともに，単位 [[g] = [g/cm³]×[cm³]] で，単位の分数の分母にある [cm³] と分子にある [cm³] が打ち消し合うので，質量 [g] が最終的に残るといった単位の次元を文字式のように扱った単位の次元に着目させる指導法は，科学的思考を深める第一段階としての問題を解く力を高めるのに一定の効果がある（石井・林，2015）．

【研究デザイン】

　プレテストでの単位の記載の有無とポストテストでの単位の記載の有無で組み合わせを 4 種類つくり，その条件を 4 クラスにそれぞれ割り当てる．「密度の問題」，「圧力の問題」，「仕事の問題」，及び「意識調査」を実施し，その結果を 4 クラスで比較する（石井・林，2015）．

【得られた知見】

「単位の次元に着目させる指導を行うことで，問題を解く際に単位に着目し，求めるべき量に単位があると問題が解きやすいと感じている生徒が7割を超え，単位に関する指導の必要性を感じている生徒が9割いた．しかし，単位が表す意味について『今も理解できていない』と回答する生徒が4割弱いた．[中略]

また，求めるべき量の単位の記載があることは，単位の次元をもとに形式的に問題を解く力を発揮しやすいことが分かった．さらに，単位の次元に着目させる指導は，形式的に問題を解く際には，イメージしにくい分野や未履修の分野にも有効にはたらくことが明らかになった．

このことから，科学的思考を深める第一段階として，単位の次元に着目させる指導は，一定の効果があったと言える」（石井・林，2015）．

【解説】

ここでのポイントは，プレテストでの単位の記載の有無とポストテストでの単位の記載の有無で，組み合わせのパターンを4種類作成したことです．その4種類の条件を4クラスにそれぞれ割り当てて，調査を実施できたために，単位の記載の有無によって，問題解決にどのように影響が及ぼされるのかを比較することができました．また，今回の調査は中学1年に実施したわけですが，発展的な内容に関しても，どのような影響があるのかを見取りたいと考え，中学3年で履修する「仕事率」に関しても調査問題を作成して実施しました．このことで，未習の内容にも単位指導は一定の効果があることを実証することができました（石井・林，2015）．

なお，調査後には，単位の記載のないテストを実施したクラスの生徒には，その内容に関しての指導を手厚く行いました．

12.3.9　教科書等に掲載されている図は適切なのか？

　あなたは，教科書や参考書等に掲載されている図や表よりも，自分が用意した（編み出した）図や表の方が児童・生徒が概念のイメージを掴みやすいのではないかと思ったことはないでしょうか．

　ここでは，教科書や参考書等の図や表の記載はこのままでよいのか，あるいは改善する図や表はないのかを明らかにする「論文」を作成することになります．

　このため，教科書や参考書等の図や表を用いたときとそれとは異なった図や表を用いたときの児童・生徒の理解の状況を，同一時間内で比較すればよいと思います．あまり例は思い当たらないかもしれませんが，意外と隠れているものです．

　「石井俊行・荒川友希・伊東明彦（2020）：中学生の意識や理解を考慮した電気学習における水流モデルの検討〜非循環型と循環型を比較して〜，学校教育実践ジャーナル，日本学校教育実践学会，3，3-10.」を引用し，以下に説明します．

【研究仮説】

　電気回路中の電流の流れを水の流れに例えた「水流モデル」には，ポンプ（電池）部分の標記のない「非循環型水流モデル」とポンプ部分の標記のある「循環型水流モデル」の2つのモデルがある．生徒は「水流モデル」のうち，「循環型水流モデル」の方が，「非循環型水流モデル」よりも理解がしやすい（石井・荒川・伊東，2020）．

【研究デザイン】

　「電流・電圧テスト」をプレテストとして全員に実施し，両群の等質性を示す．はじめに「循環型水流モデル」の説明を行い，「電流・電圧テス

ト」を実施し，次に「非循環型水流モデル」の説明を行う（PN 群）と，はじめに「非循環型水流モデル」の説明を行い，「電流・電圧テスト」を実施し，次に「循環型水流モデル」の説明を行う（NP 群）の 2 つの群をつくる．両群に意識調査と「回路図対応テスト」を実施し，それらの結果を両群で比較する（石井・荒川・伊東，2020）.

【得られた知見】

「『循環型水流モデル』は，『非循環型水流モデル』に比べ，ポンプの部分が付加されているため，特に直列回路では，各抵抗部分における落差の和がポンプで汲み上げる水の高さに等しいことを容易に理解できる．すなわち，各抵抗部分にかかる電圧の和が電源の電圧に等しいことを理解しやすい構造になっている．『循環型水流モデル』の支持が高かったのはこのような理由によるものと考えられる．［中略］したがって，電流が回路内を流れるしくみを 1 つの水流モデルに例え，特に電圧は水を汲み上げるポンプの高さ（落差），すなわち，“乾電池は水を汲み上げるポンプのような役割をするもの”というイメージを生徒に形成できれば，電気回路に対する長期にわたる学習の定着が期待できよう．これらのイメージを持たせるうえで適した水流モデルの型を考慮するならば，『非循環型水流モデル』ではなく『循環型水流モデル』を用いるべきであると考えられる」（石井・荒川・伊東，2020）.

【解説】

高等学校の「物理基礎」の教科書では，当たり前のように水流モデルはポンプ部分のある「循環型水流モデル」（図 12-3）です．中学校の理科教科書全社すべてが「非循環型水流モデル」（図 12-4）であるのに疑問をもち，中学生はどちらのモデルの方が理解しやすいのか，理解に差が生じるのかを知りたかったために調査を実施した次第です．その結果，中学生

にわかりやすい図は，中学校理科全社で採用している「非循環型水流モデル」ではなく，高等学校の「物理基礎」の教科書にある「循環型水流モデル」であると結論づけることができました（石井・荒川・伊東，2020）．

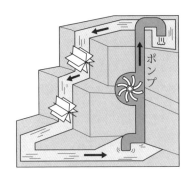
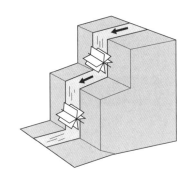

図 12-3　循環型水流モデル　　　図 12-4　非循環型水流モデル

12.3.10　その学習を行う準備はできているのか？

　あなたが小学校・中学校の教員の場合，あなたの担当教科を児童・生徒が理解できないのは，その概念を習得するには未だ発達段階上，早すぎるからではないかと思ったことはないでしょうか．

　ここでは，小学校や中学校で毎年実施されている全国学力・学習状況調査のテスト問題をもとに，それに準じたテストを自身の担当教科で作成し，全国学力・学習状況調査のテストと自身が作成したテストの両テストを児童・生徒に実施し，両者のテストの状況を比べればよいと思います．

　「石井俊行・鶴見行雄（2021）：小学算数『単位量当たりの大きさ』が中学理科『密度』に及ぼす効果〜全国学力・学習状況調査問題『算数A』と比較して〜，科学教育研究，日本科学教育学会，45(3)，280-291.」の「論文」を引用し，以下に説明します．

【研究仮説】

小学 5 年算数の「単位量当たりの大きさ」を習得している児童は，中学理科の物質の密度を学習するための前提となる知識・技能をレディネスとして習得している（石井・鶴見，2021）．

【研究デザイン】

小学 5 年算数の「単位量当たりの大きさ」を終えた小学 5 年を対象に，単位量テストが先，物質の密度テストを後に実施するグループ A と物質の密度テストが先，単位量テストを後に実施するグループ B の 2 グループに分ける．そして，グループ A では，単位量テストを前日に行って回収し，翌日に物質の密度テストを行って回収し，続けて意識調査を実施する．一方，グループ B では，物質の密度テストを前日に行って，翌日に単位量テストを行って回収し，続けて意識調査を実施する（石井・鶴見，2021）．

【得られた知見】

「小学 5 年算数『単位量当たりの大きさ』における知識・技能を習得している概ねの児童は，中学理科の物質の密度を学習するための前提となる知識・技能をレディネスとして習得している」（石井・鶴見，2021）．

【解説】

小学 5 年算数「単位量当たりの大きさ」における全国学力・学習状況調査をもとに，未習である中学理科の物質の密度を学習するための前提となる知識・技能は既に習得されているのかどうかを明らかにしたいと思い調査した次第です．「単位量当たりの大きさ」のテストに正答できた小学

5 年の児童は，中学 1 年で学習する未習である物質の密度のテストに正答（達成）できるのかどうかを調べたところ，達成率は約 8 割〜9 割であり，シートの面積に対する座る人の人数から，ブロックの体積に対する重さへと対象が変わっても解くことができることが明らかになりました（石井・鶴見，2021）.

　理科のみならず，他の教科でも全国学力・学習状況調査の問題とそれをもとに新たな問題を作成して，両テストを実施して比べれば，いろいろな概念について明らかにできると考えます.

第13章 ▷ 「論文」作成時に知っておきたいこと（Things You Need to Know）

13.1 「論文」になる研究とは？

　学生から「学会等の研究紀要のように，査読のある学術誌に載る『論文』ってどういう研究なのですか？」と質問をされることがあります．私の研究室では，「卒業論文」と「修士論文」に境界はありません．「卒業論文」が「修士論文」を凌駕することもあります．

　学会の研究紀要のような学術誌に掲載されるかどうかは査読次第ですが，少なくとも「論文」になるかどうかの判断は，経験値がものをいうと思います．私は，教材や教具を見たとき，あるいは内容を聞いたとき，その場である程度見定め，学術誌に載るような「論文」になるかどうかを大まかに判断することは可能です．それは「論文」執筆における苦しみや経験を多くしてきたからだと思います．「論文」をよく読まれる方，よく書かれる方，査読を行っている方などに，直接ご意見を聴くことが一番よい方法だと思います．

　また，学術誌に載る「論文」になるかどうかは，受け入れる学術誌の種類にもよります．それぞれの学会では，どの類いの「論文」を掲載する傾向にあるのかが何となく決まっているものです．ですから，それに合わせ投稿することが重要です．

　これに関するお話をします．私は職務上，奈良県中学校理科研究会から顧問を拝命し，毎年公開研究授業を見学した後に指導講評を県の指導主事とともに行っています．

　このため 2017 年度の公開研究授業にも参加しました．そして，授業者の髙井成泰先生と一緒に，「石井俊行・髙井成泰・森本弘一（2018）：物体と平面鏡に映る虚像の位置関係を捉えさせる教具の開発〜ハーフミラーを導入した光の反射実験〜，物理教育，日本物理教育学会，66(2),

87-92.」を完成させました．その完成に至るまでのエピソードを以下に紹介します．

　中学 1 年の光の「反射の法則」の実験では，スリットを通した光を使って，入射角と反射角が等しいことを理解させるための実験を行います．

　ここでは，鏡の奥に見える虚像の位置を作図法を用いて，「物体 A の虚像が平面鏡を対称軸とした際の物体 A に対称な点 B に存在するということ」（石井・髙井・森本，2018）の指導が行われます．「平面鏡に映る物体 A の虚像が点 B に存在するのかどうか」（石井・髙井・森本，2018）といった生徒の素朴な疑問に対し，奈良県吉野中学校の髙井成泰先生は，鏡の代わりにハーフミラーを使用することで，うまく解決されていました．

　ハーフミラーは文字通り，半分の量の光は反射し，残りの半分の量の光は透過します．ハーフミラー越しからの光も同様に半分の量の光は反射し，残りの半分の量の光は透過します．このためハーフミラー越しの奥にある物体は透けて見えます．

　これにより，「ハーフミラーに映る物体 A の虚像とハーフミラー越しの物体 B とを重ねる操作を生徒に行わせることで，ハーフミラーを取り除いても虚像の位置に虚像に似た物体 B が現れることに気付かせる仕掛けになっている．このことを通して，生徒は平面鏡に映る物体 A の虚像が点 B に存在」（石井・髙井・森本，2018) することが確かめられます．

　髙井先生は，このハーフミラーを利用した教具を開発し，この教具を用いた公開授業を行っていました．

　この教具を初めて見た私は，この教具の素晴らしさに深く感動し，公開授業後に髙井先生に駆け寄り，「髙井先生，このハーフミラーの教具を使用なさっていますが，どこでこのような素晴らしい実践（教具）を入手なさったのでしょうか．」と思わず尋ねてしまいました．髙井先生は「私のオリジナルです．」と返答されました．

　私は続けて「失礼ですが，この教具に関して，何か理科教育関係の雑誌とかに投稿されるご予定はありませんか？」と尋ねました．髙井先生は「特に考えておりません．」とお答えになりました．

　私の中では，既に「はじめに（序論）」での本研究の位置づけ，「結論」とともに，どのようにまとめればよいのかを見通せていたため，髙井先生に思わず「私とこの教具について一緒に『論文』を書きませんか．」と切り出してしまいました．そして，すぐに髙井先生の承諾を得ることができました．

　私はその日のうちに「論文」の「結果」と「考察」の部分で必要となる「意識調査」を作成し，髙井先生にお願いして次時に生徒に実施していただきました．「意識調査」の集計，要望した図の作成を髙井先生にお願いし，奈良教育大学教授森本弘一先生と共に「論文」を執筆して投稿し，日本物理教育学会の学会誌「物理教育」に掲載されることになりました．

　髙井先生は，「論文」を発表することで，ご自身が考案した教具が身近な教員だけでなく，全国の教員にも知っていただける機会が得られたことを大変喜んでおられました．

　以上のように，「ストーリー」を描く能力が「論文」作成には必要だと常々私は思っています．このことは，誰でも「論文」を数多く書くことで自然に習得できていくと思います．学術誌に掲載されるような「論文」になるか否かは，どのような「ストーリー」を描けるかどうかで決まってくると思います．

13.2　「結果」から「論文」を構想する

　「論文」の大まかな構成を考えるときの1つの方法として，「結果」から考えてみることをお薦めします．「結果」をもとに，どのように「考察」し，「結論」をどうするかを考えることで，「論文」が書きやすくなるからです．

　私は，A4判の実験ノートを使用しているのですが，開けばA3判にな

ります．A4 判の実験ノートが手元にないときは，A3 判の紙 1 枚に全体の構成を描いてみたこともあります．

　ここに，どういう「結果」が得られたのかを書き込み，その「結果」からどのような「考察」になるのかを章立てし，そこから「結論」までの流れを描き，俯瞰して全体を眺めます．そして，それぞれの章や節が有機的につながるように配置していきます．それに伴って「目的」も書き入れ，それに相応しい「タイトル」もつけていきます．

　大学院生の頃の私は，大きめの付箋に「小見出し」とその内容を書き込んで，それを移動したり，書き加えたりして「論文」の構成を検討したものでした．

　デジタル化が進む現在，「OneNote」のソフトウエアや「GoodNotes」などのアプリを使ってデジタルで効率よく同様のことができると思います．デジタル化が進んだことで，修正，印刷，送信などが簡単にできるようになりました．いろいろと試して，自分に合ったスタイルをつくり上げていってください．

13.3　できるだけ早く「論文」を完成させよう

　「論文」の世界はアイデアが勝負です．誰かに先にアイデアを取られて発表されてしまうと，「論文」としての価値が下がります．

　進歩があまり目まぐるしくない教育の世界では，それほどナーバスになる必要もありませんが，特に自然科学などの場合，誰かに先に「論文」を発表されてしまうと，その価値が全く違ってきてしまいます．

　データを取り終えたら，なるべく早く「論文」にすることが肝要です．

　私はデータを取り終えたら，すぐに分析し，自分自身の熱が冷めないうちに，「論文」を仕上げるように心がけています．

　また，私は「論文」が完成して投稿状態（審査中）にある，あるいは投稿はしていないものの，ほぼ完成してから口頭発表を行う方法をとることもあります．この方法は，質疑応答等の状況を参考に自分では気づけない

ことに気づけて，投稿する前に「論文」を修正できる有効な方法だと思います．

13.4　月刊誌や学術誌にどんどん投稿しよう

まず初めに，月刊誌に教育に関する自分の教育実践を投稿することをお薦めします．そのような雑誌に発表することで，他の先生方にも周知され，教育界が活気づいてくると思います．

また，学会の研究紀要にもぜひ投稿してほしいです．学会の研究紀要に載せるのはかなりの労力が必要となりますが，掲載されたときの感動はひとしおです．このため，学会の研究紀要に掲載されると，周囲の方から「おめでとう！」「お疲れ様！」という言葉をかけられることもあります．

学会の研究紀要に載せるには，査読者による査読を経て，編集委員会からアクセプト（受諾）されなければなりません．査読者（主に大学教員）は，ほとんどがボランティアで査読を行っています．注意深く読み，抜けている点やおかしな点，言い過ぎている点をはじめ，論理の矛盾はないか，適切な方法がとられているかなど気づいたことについて意見を述べます．査読結果では多くの指摘事項が返ってきて，その量に圧倒されるとともに，指摘されたくない箇所も指摘され，嫌になることが多々あります．

査読が1回で通ることは稀で，「条件付き採録」になったりします．その査読結果をもとに，「論文」を加筆修正し，指摘事項に対する回答とその修正表も添付して再投稿することになります．

再投稿された「論文」を査読者が再度読み直して了解した後，編集委員会も了解すれば，めでたくアクセプト（受諾）されて「採録」となります．ダメならばリジェクト（拒否）されることになります．

しかし，リジェクトされたとしても，それらの意見に対して丁寧に加筆修正して再投稿することは可能です．私は一旦リジェクトされた「論文」を再投稿して，アクセプトされた経験もあります．

査読者の意見を尊重し，それをもとに加筆修正することで「論文」が見違えるほど良いものになる（ブラッシュアップする）ことがほとんどです．

　リジェクトされると精神的にはつらいものですが，諦めずに再投稿して学会の研究紀要に載せていってほしいと思います．そういった 1 つ 1 つの積み重ねが，自分を大きく成長させてくれます．負けずにトライしてください．

13.5　長い修士論文等は分割しよう

　修士論文等から「投稿論文」を仕上げるには，修士論文が長編であることを考慮し，2〜3 本の「論文」に分けて投稿することをお薦めします．分割すると読者がわかりにくくなるという理由等から，20 頁近い「論文」のまま投稿される方がおられますが，10 頁の「論文」を 2 本書く方が楽なはずです．読者も 10 頁の「論文」を 2 本読む方が，読む気になります．しかも，2〜3 本に分けることで，「論文」数も増え，業績が増えるというメリットもあります．

　私の修士論文も，2 本の「論文」に分けて投稿し，日本理科教育学会の研究紀要（石井・庭瀬・廣瀬，1988；石井・飯利・廣瀬，1990）に 2 本とも掲載されました．ぜひコンパクトにまとめるという術があることも押さえておいてください．

「論文にまつわる戸惑う用語」

e.g.	"イージー"と呼び,「たとえば」を意味する.
i.e.	"アイイー"と呼び,「すなわち」を意味する.
et al.	"エタル"と呼び,主著者以外にも著者がいることを示し,日本語の「他」を意味する.
p. または pp.	「論文」の頁を示す. p. は1つの頁を示し, pp. は「page to page」の略で,何頁から何頁なのかを示す.
Vol.	「volume」のことで,雑誌の「巻」を意味する.
No.	「number」のことで,雑誌の「第○号」を意味する.
アブストラクト	「abstract」のことで,「論文」における「要約」のこと.
イントロダクション	「introduction」のことで,「論文」における「はじめに」に当たる部分のこと.
ペーパー	「paper」のことで,「論文」のこと.
ストーリー	「story」のことで,読者に「論文」の内容を理解してもらうための流れのこと. すなわち,「論文」の内容が読者に上手く伝わるように,どのデータをどういった順番で提示し,結論に至らせるかの流れのこと. ※「論文」にストーリー性をもたせることで,読者が興味をもち,理解しやすい「論文」に仕上がる.
オリジナリティな論文	「originality」のことで,「独創性のある論文」という意味で,新しい事実について初めて確認したり,それについて言及したり,あるいは新しい手法で取り組んだりした「論文」のこと. ※「論文」は,特にアイデアが重要となる.
ブラッシュアップ	「brush up」のことで,「論文」を加筆修正しながら,磨きをかけて良くしていくこと.
フロントランナー	「front runner」のことで,その分野で最前線で研究している研究者のこと.
アクセプト	「accept」のことで,「論文」を学会の「学術誌」に投稿し,その「論文」を編集委員会が,掲載すること(採録)を決定したことを意味する. 口語では,"アクセプトされた"と使われる.
リジェクト	「reject」のことで,「論文」を学会の「学術誌」に投稿し,その「論文」を編集委員会が,掲載することを拒否したことを意味する. 口語では,"リジェクトされた"と使われる.

レフェリー	「referee」のことで、査読者のこと.
査読者	投稿された「論文」を「学術誌」に載せてもよいかどうかの審査をする人のこと.
採録	学会の学術誌に投稿した「論文」が査読が通り掲載されることが決定し、出版待ちの状態にあること.
研究仮説	問いとそれに対する答えをセットにした研究を行う上での仮説のこと.
要約	「論文」で何に対して何を行い、どのようなことが明らかになったのかを 300 字〜400 字程度にまとめたもの.
質的研究	研究者が直接聞き取りなどを行って文章や文字などのデータを集め、それらを分析して事象を解明していく研究のこと.
量的研究	研究者が直接あるいは間接的に調査用紙や意識調査からデータを集め、それらを数値化し、統計学的検定を用いて事象を解明していく研究のこと.
孫引き （まごび）	他者が書いた「論文」の「文献リスト」から、その「文献」に書かれている内容を、あたかも原著「論文」を読んだかのように、自分の「論文」にその内容を書き加えるとともに、「文献リスト」にもその「文献」を載せてしまう行為. ※「孫引き」をしてはいけない理由は、仮に他者の書いた「論文」で引用された内容や「文献」の表記に誤りがあった場合、「孫引き」すると、その誤りが再度繰り返されてしまうからです.
改ざん（改竄） （かいざん）	自分の主張を通すために、データ等を勝手に書き変えてしまう行為のこと.
剽窃 （ひょうせつ）	他人の文章や語句などを、引用せずに自分が考えたこととして使用してしまう行為のこと. ※「盗用」とほぼ意味が近いので、「剽窃・盗用」とセットで用いられることが多い.
自己剽窃	自分自身が書いた文章の出典を明記せずに使用すること. ※「論文」は自分の書いたものであっても、第三者が書いたものとして取り扱う.
盗用 （とうよう）	他人の文章やデータ（図や表を含む）を引用せずに自分が得たものとして「論文」に取り入れてしまう行為のこと.

引用文献

有馬朗人，他 62 名（2016）：新版理科の世界 2，大日本図書．

江馬一弘（2006）：人に話したくなる物理身近な 10 話，丸善．

藤島弘純（2003）：日本人はなぜ「科学」ではなく「理科」を選んだのか，築地書館，144-145．

Gick,M.L.&Holyork,K.J.(1980)：Analogical problem solving, *Cognitive Pcychology*，12，306-355．

今井泉・濱中正男（1993）：中学校の化学反応式の認識の追及，日本理科教育学会第 43 回全国大会福岡大会要項，114．

今井俊彦・石井俊行（2013）：理科と数学の教科間における問題解決に関する一考察〜フックの法則，オームの法則の事例を通して〜，日本理科教育学会近畿支部大会（大阪大会）発表要旨集，19．

石井俊行（2010）：中学生に複雑な回路になってもオームの法則が適用できる能力を高めさせるための指導に関する一考察，日本理科教育学会第 60 回全国大会論文集，259．

石井俊行（2014）：中学生の圧力の理解を深めさせるための方法とは？〜数学で学習した内容を生かして〜，日本科学教育学会年会論文要旨集 (38)，50．

石井俊行（2015）：中学理科の圧力の理解を深めさせる指導に関する一考察〜数学の反比例の学習を活かして〜，科学教育研究，日本科学教育学会，39(1)，42-51．

石井俊行・荒川友希・伊東明彦（2020）：中学生の意識や理解を考慮した電気学習における水流モデルの検討〜非循環型と循環型を比較して〜，学校教育実践ジャーナル，日本学校教育実践学会，3，3-10．

石井俊行・橋本美彦（1995）：化学反応式を書く能力向上に関する研究〜化学反応式の完成を阻害する要因の究明〜，日本理科教育学会研究紀要，36(1)，7-16．

石井俊行・橋本美彦（2001）：凸レンズを通過した光が作る像の理解に関

する基礎的研究〜作図を完成する能力の影響について〜，理科教育学研究，日本理科教育学会，41(3)，41-48．

石井俊行・橋本美彦（2009）：化学変化における「分解」と「化合」とでは，どちらを先に学習させる方が効果的なのか，日本理科教育学会第48回関東支部大会研究発表要旨集，28

石井俊行・橋本美彦（2011a）：分解と化合における子どものわかりやすさからみた学習の順序性とその指導法に関する提言，理科教育学研究，日本理科教育学会，51(3)，25-32．

石井俊行・橋本美彦（2011b）：中学生に「フェルマーの原理」を教えることは有効か？，日本理科教育学会第50回関東支部大会研究発表要旨集，65．

石井俊行・橋本美彦（2012）：中学生に"フェルマーの原理"を学習させることの有効性に関する研究，理科教育学研究，日本理科教育学会，52(3)，1-10．

石井俊行・橋本美彦（2013）：教科間における学習の転移を促す条件に関する考察とその提言〜理科「光の反射」と数学「最短距離」の作図を通して〜，科学教育研究，日本科学教育学会，37(4)，283-294．

石井俊行・橋本美彦（2013）：理科と数学の教科間における学習の転移を促す条件とは？〜光の反射と最短距離の事例を通して〜，日本理科教育学会第63回全国大会論文集，125．

石井俊行・橋本美彦（2014）：学習の共通性を見いだす能力を高めさせるには？〜濃度と湿度の飽和の概念に着目して〜，日本理科教育学会第64回全国大会論文集，240．

石井俊行・橋本美彦（2015）：学習の共通性を見いだす能力を高めさせる指導に関する一考察〜濃度と湿度の飽和の概念を通して〜，科学教育研究，日本科学教育学会，39(1)，2-10．

石井俊行・橋本美彦（2016）：理科・数学教師間の連携の強さが学習の転移に及ぼす影響〜類推的問題解決能力の向上を目指して〜，科学教育研究，日本科学教育学会，40(3)，281-291．

石井俊行・橋本美彦（2016）：類推的問題解決能力向上のための理科・数学教師間の連携とは？，日本理科教育学会第66回全国大会論文集，392.

石井俊行・林拓磨（2015）：単位の次元に着目させる理科学習指導法の効果とその問題点〜問題に対する正答率の向上を目指して〜，科学教育研究，日本科学教育学会，39(4)，335-346.

石井俊行，他（2016）：持続可能な社会の構築に向けた理科教員養成における発信スキル向上プロジェクト〜科学の効果的な学習教授法の構築を目指して〜，平成28年度奈良教育大学学長裁量経費報告書，1-6.

石井俊行・飯利雄一・廣瀬正美（1990）：中学校理科第一分野での学習到達度に関する研究（続報），日本理科教育学会研究紀要，30(3)，33-37.

石井俊行・桝本有真・南口有砂（2020）：理科学習の意義や有用性を実感させるための指導法の検討〜小学6年「てこの利用」に爪切りを導入することの効果〜，奈良教育大学紀要，69(1)，125-131.

石井俊行・箕輪明寛・橋本美彦（1996）：数学と理科との関連を図った指導に関する研究〜文脈依存性を克服した指導への提言〜，科学教育研究，日本科学教育学会，20(4)，213-220.

石井俊行・内藤拓・伊東明彦（2020）：中学理科における電圧の理解を促進させるための水流モデルの検討〜モデルにおける水の循環の有無に着目して〜，次世代教員養成センター研究紀要，奈良教育大学，6，205-210.

石井俊行・庭瀬敬右・廣瀬正美（1988）：中学校理科第一分野での学習到達度に関する研究，日本理科教育学会研究紀要，29(2)，37-44.

石井俊行・岡本智子・柿沼宏充（2020）：小学4年「ものの温度と体積」に粒子モデルを導入することの効果〜電子レンジで粒の動きと温度の関係に着目させて〜，科学教育研究，日本科学教育学会，44(3)，168-179.

石井俊行・大蔵愛海（2019）：類推による問題解決能力を活かした理科学習指導法の検討〜グラフ・データ解釈を向上させるために〜，科学教育研究，日本科学教育学会，43(3)，244-252.

石井俊行・髙井成泰・森本弘一（2018）：物体と平面鏡に映る虚像の位置関係を捉えさせる教具の開発〜ハーフミラーを導入した光の反射実験〜，物理教育，日本物理教育学会，66(2)，87-92．

石井俊行・田中智貴・吉岡照子（2020）：浮力の指導内容の違いが中学生の理解や意識に及ぼす影響〜アルキメデスの原理の学習の効果〜，次世代教員養成センター研究紀要，奈良教育大学，6，181-186．

石井俊行・寺窪佑騎（2018）：水溶液濃度計算におけるつまずきの要因分析と学習指導法の検討〜小学校からの教科横断型カリキュラム・マネジメント〜，科学教育研究，日本科学教育学会，42(1)，25-36．

石井俊行・塚本颯馬・岡本智子（2019）：小学4年「ものの温度と体積」での粒子概念の導入は可能か？，日本理科教育学会第58回関東支部大会研究発表要旨集，34．

石井俊行・鶴見行雄（2021）：小学算数「単位量当たりの大きさ」が中学理科「密度」に及ぼす効果〜全国学力・学習状況調査問題「算数A」と比較して〜，科学教育研究，日本科学教育学会，45(3)，280-291．

石井俊行・栁井孝夫・寺山桂史・中村大輝：（2021）：中学生の合成抵抗の学習にゲーム的要素を取り入れることの効果〜理解に影響を及ぼす要因を検討して〜，科学教育研究，日本科学教育学会，45(1)，13-22．

石井俊行・八朝陸（2017）：電熱線の発熱の学習に粒子概念を導入することの効果〜小学生に発熱の仕組みを理解させるために〜，科学教育研究，日本科学教育学会，41(4)，438-448．

石井俊行・八朝陸・伊東明彦（2016）：小学校理科に電圧概念を導入することの効果〜電気学習の新たな試み〜，科学教育研究，日本科学教育学会，40(2)，222-233．

鹿毛雅治・奈須正裕（1997）：学ぶこと・教えること　学校教育の心理学，金子書房，31-37．

菊地洋一・高室敬・尾崎尚子・本宮勇希・近藤尚樹・村上祐（2014a）：小学校の物質学習を通して粒子概念を有効に活用するための新規学習シート「つぶつぶシート」の提案，岩手大学教育学部附属教育実践総合セン

ター研究紀要，13，33-43．

菊地洋一・高室敬・尾崎尚子・黄川田泰幸・村上祐（2014b）：小学校における系統的物質学習の実践的研究〜粒子概念を「状態変化」で導入し「溶解」で活用する授業〜，理科教育学研究，日本理科教育学会，54(3)，335-346．

菊地洋一・武井隆明・黄川田健，他7名（2018）：粒子概念を柱とした小中学校の物質学習，岩手大学教育学部プロジェクト推進支援事業教育実践研究論文集，5，44-49．

木村寛・島田茂（1982）：算数・数学科と理科との関連についてⅠ 小・中学校教師の意見，科学教育研究，日本科学教育学会，6(1)，21-27．

小林翔兵・伊東明彦（2013）：中学校理科における電圧の概念形成に関する研究，日本理科教育学会関東支部大会研究発表要旨集 (52)，47．

古賀行義（1972）：教育心理学小辞典，協同出版，167．

国立教育政策研究所（2015）：平成27年度全国学力・学習状況調査の調査結果を踏まえた指導の改善・充実に向けた説明会（説明資料），121-156．

国立教育政策研究所教育課程研究センター（2018）：平成30年度全国学力・学習状況調査解説資料 児童生徒一人一人の学力・学習状況に応じた学習指導の改善・充実に向けて 小学校算数．〈https：//www.nier.go.jp/18chousa/pdf/18kaisetsu_shou_sansuu.pdf>（参照2020-4-24）

近藤宏・渕上美喜・末吉正成・村田真樹（2007）：Excelでかんたん統計分析〜［分析ツール］を使いこなそう！〜，オーム社．

丸山美和子（1999）：教科学習のレディネスと就学期の発達課題に関する一考察，佛教大学社会学部論集，32，195-208．

湊昭雄（1978）：現代理科教育大系 第3巻 理科学習論の動向，日本理科教育学会編，東洋館出版社，152-159．

宮本直樹（2015）：小・中学校理科におけるデータ解釈能力を育成するための指導法〜サイエンスプロセス・スキルに着目して〜，科学教育研究，日本科学教育学会，39(2)，176-185．

文部省（1952）：中学校高等学校学習指導要領　理科編（試案），大日本図書.

文部省（1959）：中学校理科指導書，実教出版.

文部省（1969）：中学校学習指導要領，大蔵省印刷局.

文部省（1978）：中学校指導書　理科編，大日本図書.

文部省（1989）：中学校指導書 理科編，学校図書.

文部省（1999）：中学校学習指導要領（平成10年12月）解説－理科編－，大日本図書.

文部科学省（2008a）：小学校学習指導要領解説　総合的な学習の時間編，東洋館.

文部科学省（2008b）：小学校学習指導要領解説　理科編，大日本図書.

文部科学省（2008c）：中学校学習指導要領解説　理科編，大日本図書.

文部科学省（2018a）：小学校学習指導要領（平成29年告示）解説　理科編，東洋館.

文部科学省（2018b）：中学校学習指導要領（平成29年告示）解説　理科編，学校図書.

森本信也・関利一郎・島田茂（1982）：算数・数学科と理科との関連について　Ⅱ　大学教官の意見，科学教育研究，日本科学教育学会，6(1)，28-31.

宗近秀夫（2000）：小・中学生の溶解概念に関する実態調査，理科教育学研究，日本理科教育学会，40(3)，13-22.

宗近秀夫（2002）：小学生の溶解認識における概念変容の研究，理科教育学研究，日本理科教育学会，43(2)，1-13.

村上祐（2010）：小・中理科における望ましい粒子概念教育の提言～国の調査結果の背景および独自調査の分析から～，岩手大学教育学部研究年報，69，73-87.

中野博幸・田中敏（2012）：フリーソフトjs-STARでかんたん統計データ分析，技術評論社.

西川純（1994）：理科における計算能力の文脈依存性に関する研究～オー

ムの法則を事例として〜，日本理科教育学会研究紀要，35(1)，53-58.

荻野伸也・桐生徹・久保田善彦 (2014)：中学校1年「溶解度」の学習で用いられる曲線グラフと棒グラフによる複合グラフの読解に関する研究，理科教育学研究，日本理科教育学会，55(3)，279-288.

大濱実紗・小林俊行 (2014)：理科におけるグラフ処理能力に関する調査，日本理科教育学会東海支部大会研究発表要旨集 (60)，41.

大野光男・戸北凱惟 (2000)：粒子概念形成過程における理解の実態とその問題点，日本科学教育学会年会論文集，24，181-182.

篠原彰一 (2002)：学習心理学への招待〜学習・記憶のしくみを探る〜，サイエンス社.

末廣渉・内ノ倉真吾 (2018)：小・中学校理科教科書に見られるグラフとその指導の特徴〜グラフの構成要素に着目した内容分析から〜，理科教育学研究，日本理科教育学会，59(1)，67-77.

田邊敏明 (2006)：類推的転移に及ぼす基底類推問題の構造の表象〜転移の時点と表象の種類からの検討〜，山口大学教育学部研究論叢（第3部），56，105-118.

丹沢哲郎・佐藤嘉晃・加藤靖 (2001)：Learning Cycle 教授モデルを用いた理科授業の評価〜粒子概念獲得プロセスと探究のプロセスに基づいて〜，25(5)，316-328.

寺田光宏・小松幸廣 (1995)：粒子運動モデル図のデータベース化とその利用，日本科学教育学会研究会研究報告，10(1)，37-40.

内ノ倉真吾 (2010)：子どもの理科学習におけるアナロジーとメタファー〜科学的な概念の形成との関わりに着目して〜，静岡大学教育学部研究報告教科教育学篇，41，91-106.

吉田寿夫 (1998)：本当にわかりやすいすごく大切なことが書いてあるごく初歩の統計の本，北大路書房.

湯澤正通 (1988)：問題状況の意味の理解と推論スキーマ，教育心理学研究，日本教育心理学会，36(4)，297-306.

参考文献

河野哲也（2018）：レポート・論文の書き方入門第 4 版，慶應義塾大学出版会．

西川純（2019）：第 3 版実証的教育研究の技法〜これでできる教育研究〜，大学教育出版．

二通信子・大島弥生・佐藤勢紀子・因京子・山本富美子（2009）：留学生と日本人学生のためのレポート・論文表現ハンドブック，東京大学出版会．

酒井聡樹（2006）：これから論文を書く若者のために 大改訂増補版，共立出版．

戸田山和久（2012）：新版論文の教室〜レポートから卒論まで〜，NHK出版．

あとがき

　私は奈良教育大学で，学生に「理科教育学」に関する講義を行っています．また，ゼミでの卒業論文・修士論文の指導をはじめ，「教育実践研究」の進め方や「論文」の書き方に関する講義も行っています．さらに，他大学でも非常勤講師として「論文」の書き方等についての講義も行っています．

　そうした講義やゼミを通して感じることは，「論文の書き方」に関する講義を興味深く，かつ楽しみながら聴こうとする学生の皆さんが，思った以上に多いということです．また，学会での口頭発表会や研修会に参加した際に，私が主著者で執筆した「論文」の話をすると，「論文」作成の過程にまつわる話について聴きたがる方々が多いことも実感しています．

　本書では，私の主著者で発表してきた「論文」を事例にあげながら，私が今まで習得してきた教育実践を「論文」にする技法に関し，作成の過程にまつわる話も含めて説明してまいりました．

　読者の皆さんが理科の教科が専門ではなくても，本書での事例を，他の単元や他教科に置き替えて読まれることで，共通した技法が身につけられたのではないでしょうか．

　また，独創性のある「論文」が書けるようになる，ゼミ等でしか得られない技法に関しても習得できたのではないでしょうか．

　卒業論文や修士論文をはじめ，「論文」を完成させることは本当に大変な作業です．ましてや教職に就いている先生方が「論文」の形にして発表することは，日々の教育活動の中での執筆となり，さらに大変だと思います．

　でも大丈夫です．本書を熟読することで，あなたは必ず「論文」を完成させることができます．

　繰り返しますが，多くの方々が，教育実践（調査）を「論文」の形にして発表し合うことで，子ども達への効果的な教育活動が全国で展開されていくものと私は信じています（石井ら，2016）．

　結びに，本書で取り上げた論文を執筆するにあたり，共に研究をしてくださった多くの皆様に心から感謝いたします．

　大学院の同期であり，卒業後も一緒に論文を執筆してきた橋本美彦先生（中部大学）の存在がなければ，本書で事例に用いた多くの論文を完成させることはできませんでした．感謝いたします．

　また，兵庫教育大学大学院時代に指導を賜りました，兵庫教育大学名誉教授廣瀬正美先生，同大学名誉教授佐藤光先生，特に兵庫教育大学教授庭瀬敬右先生には昼夜を問わずに熱心なご指導を賜り，論文執筆の心得やその技法について直に伝授していただきました．その当時の経験が本書の執筆の大元となっています．感謝いたします．

　本書作成にあたり貴重なご助言をいただいた電気書院編集部の近藤知之氏に感謝いたします．

著者　石井　俊行

〜〜〜 著 者 略 歴 〜〜〜

石井　俊行（いしい　としゆき）

国立大学法人　奈良教育大学　理科教育講座　教授　博士（学校教育学）

1983年　栃木県宇都宮市立中学校教諭

1988年　教育学修士　兵庫教育大学大学院学校教育研究科（内地留学）

1998年　科学教育研究奨励賞（日本科学教育学会）
　　　　「数学と理科との関連を図った指導に関する研究:文脈依存性を克服した指導
　　　　への提言」

2002年　博士（学校教育学）兵庫教育大学大学院連合学校教育学研究科（論文博士）

2012年　奈良教育大学　理科教育講座　准教授

2018年　現職

【著書】

理科教員の実践的指導のための理科実験集（共著）　　　電気書院　2017年

学校教育におけるSDGsの理論と実践（共著）　　　　　協同出版　2021年

【学術論文】

「小学校理科に電圧概念を導入することの効果:電気学習の新たな試み」「小学4年『ものの温度と体積』に粒子モデルを導入することの効果:電子レンジで粒の動きと温度の関係に着目させて」「分解と化合における子どものわかりやすさからみた学習の順序性とその指導法に関する提言」,他多数.

©Toshiyuki Ishii 2021

教員・学生のためのはじめての教育論文の書き方

2021年 9月 3日　第 1 版第 1 刷発行
2023年 3月 10日　第 1 版第 2 刷発行

著　者　石　井　俊　行

発行者　田　中　　　聡

発　行　所
株式会社　電　気　書　院
ホームページ　www.denkishoin.co.jp
（振替口座　00190-5-18837）
〒101-0051　東京都千代田区神田神保町 1-3 ミヤタビル 2F
電話 (03) 5259-9160／FAX (03) 5259-9162

印刷　中央精版印刷株式会社　DTP　Mayumi Yanagihara
Printed in Japan／ISBN978-4-485-30429-7

・落丁・乱丁の際は，送料弊社負担にてお取り替えいたします．